伝授! 哲学の極意

本質から考えるとはどういうことか

竹田青嗣
Takeda Seiji

苫野一徳
Tomano Ittoku

河出新書
083

はじめに

哲学は思考のアートである。

いまから三十年以上も前に、竹田青嗣先生が『自分を知るための哲学入門』（筑摩書房、現在はちくま学芸文庫）に書いた言葉です。

本書は、このアート（技法）の中でも、特に哲学の〝極意〟とでもいうべきものを、二人の対話を通して読者のみなさんにお伝えするものです。

もっとも、この〝極意〟については、竹田先生も私（苫野）も、それぞれの著作において、これまで存分に論じてきました。

にもかかわらず、なぜ今回、二人の対談本を作ることにしたのか？

それは、この二人の対談を通してでなければ、きっとできないこと、伝えられないことがあると考えたからです。

哲学は〝思考の原理〟であるということ。そしてまた、その原理のバトンをつなぐ**〝思**

考のリレー〟であるということ。

本書で私たちは、このことをできるだけ明快に示したいと思っています。師弟対談という、まさに〝思考のリレー〟の実例を通して。

竹田先生が、過去の偉大な哲学者たちから受け継いだバトンは、不肖の弟子の私を含め、次世代の多くの人たちに送られてきました。

そのバトンを、さらに多くの人へとつないでいきたい。特に若い読者のみなさんに、本書を通して、山積する世界の課題を解決するための思考の方法を手に入れていただきたい。そんな思いが、私たちに本書を書かせることになりました。

終わらない戦争、テロ、パンデミック、金融危機、経済格差……。現代社会の問題を挙げればきりがありません。地球環境問題はいうまでもなく、AI技術やゲノムテクノロジーなどの進化がもたらすであろう未知の世界をめぐっては、時に人類存亡の危機さえ叫ばれるほどの騒がれようです。

一〇〇年後にふり返ってみれば、これらの問題のいくつかは、ただの空騒ぎだったといわれておしまいの可能性もあります。しかしそれでも、現代を生きる私たちの多くは、いま、何か新しいことが進行中であることを感じ取っているはずです。人類がかつて経験したことのないような転換点に、私たちはひょっとしたら立っているのではないか。そんな感覚を、多くの人がもっているのではないかと思います。

そんな時代にあって、**私たちはこれから、一体どこへ向かうべきなのか？**

哲学は、こうした問いに正面から挑むものです。

「私たちはどこから来て、どこへ行くのか？」

多くの科学者たちが、これまでこの問いを問うてきました。それは哲学者たちも同様です。しかし哲学は、この問いに加えて、私たちはどこへ行くべきなのかを考えます。どのような社会、世界を、私たちはめざしていくべきなのか？　そのための思考の方法を、哲学は長い歴史を通して鍛え抜いてきたのです。

哲学は〝思考の原理〟であるといいました。ここでいう〝原理〟とは、むろん、絶対に正しいこととか、真理とかいったものではありません。できるだけ誰もが納得できる、考え抜かれたものの〝考え方〟のこと。それが哲学の〝原理〟です。

竹田先生は、主著『欲望論』（講談社）の中で、哲学二五〇〇年の歴史を総覧し、そのような原理のリレーを克明に描き出しました。そして、そのリレーの先端で、いま哲学がどんなデッドロックに行き当たってしまっているのか、また、どうすればそれを乗り越えていくことができるかについて、明らかにしました。

この仕事を通して、竹田青嗣は、哲学のリレーを一番先頭で走る哲学者になった。私はそう考えているのですが、それはむろん、後世の人たちが判断することです。『欲望論』は現在、英訳プロジェクトが進行中です。大著のために、完成まではまだ少し時間がかかりそうですが、世界の人々にちゃんと読まれるようになれば、右のことはきっと理解されるに違いないと私は確信しています。

とまれ、この長い思考のリレーにおいて、人類は、どのような考え方が優れた原理的なもので、その反対に、どのような思考が、どこにも行きつかない悪手であるかといったことを、確実につかみ取ってきました。

でも残念ながら、そのことは一般にほとんど知られていません。せっかく哲学者たちが、数々の失敗や成功を繰り返しながら原理的な思考を鍛えてきたのに、その成果は、十分に共有されているとはいいがたいのです。

そこで本書では、竹田先生から私へと伝授された哲学の〝極意〟を、さらに読者のみなさんへとお届けしたいと考えています。またその過程で、私自身がそれらの〝極意〟をどう受け取り、またどう発展させようとしているかということについても、お話しできればと考えています。

哲学の歴史は、弟子が師匠をボコボコにする歴史でもありました。そうやって、時代を重ねるごとに、哲学者たちは〝原理〟をさらに深いところへと押し進めてきたのです。

竹田青嗣が積み上げてきた〝原理〟は、そう簡単にボコボコにすることはできないほど鍛えられたものです。でも少なくとも、もっとよいものへと、あるいは、もっと実践的に役に立つものへと発展させることは可能なはずです。

私自身は、哲学者であると同時に教育学者として、竹田先生から受け継いだ思考の原理や方法を、教育の構想や実践へと展開する仕事もしてきました。

教育は、きわめて泥臭い実践の世界です。信念や主義主張、時にほとんど趣味の次元での対立が渦巻く世界です。そんな泥臭い実践の世界においてこそ、〝原理〟の学である哲学の意義は際立ちます。教育とは何か？　これからどうあるべきか？　そのできるだけ誰もが納得できる原理を探究することこそが、哲学の役割だからです。

むろん、哲学がいっそう展開されるべきは、教育の世界だけではありません。いま哲学に最も求められているのは、未来世界の、とりわけ、資本主義や民主主義の未来についてのビジョンを描き出すことです。

二十一世紀、そして二十二世紀に向けて、哲学には何ができるか？　何をするべきなの

か？

その展望についてもまた、本書では大いに論じ合っていきたいと思います。

苫野一徳

目次

はじめに　苫野一徳　3

第1章　**哲学をよみがえらせる**　13

哲学は瀕死の状態である／哲学はいかに世界を説明するか／マルクス主義とポストモダン思想の問題／科学は「事実学」、哲学は「本質学」／「そもそも」を問う／私には哲学がこのように役立った／哲学はリレーされることで鍛えられる

第2章　**哲学の根源をたどる**　41

「本質学」としての哲学の根本を探る／近代民主主義の根本原理としての「自由の相互承認」／人間は「自由」を求める／哲学の原理は現実を動かす／ホッブズ「普遍戦争」の原理／ルソー「一般意志」の原理／ヘーゲル「一般福祉」の原理／哲学史における〝思

考のリレー〟／普遍的な認識はありうるか／ソフィスト対プラトン・アリストテレス／現代まで続く対立／カント／ヘーゲル／ニーチェ／現象学こそが答えを出す／意味や価値の問いを考える方法／人間は「価値」の世界を生きている

第3章　何を、どこから、どのように考えるか　103

哲学は何を探究するのか？／いま、何を問うべきか／「よく生きる」とはどういうことか／ファクト主義とその問題／事実から「〜すべし」は直接導けない／心脳一元論の誤り／思考の始発点としての「欲望」／「イメージ当てはめ型批判」の問題／「見えない権力」という表象／どのような権力であれば「正当」か／「資本主義批判言説」の問題

第4章　現代社会をどう考えるか　155

資本主義の「本質」を明らかにする／マックス・ヴェーバー説／起源論と本質論／国家間の相互承認／資本主義批判の正当な根拠／資本主義に代わる思想を考えるなら

第5章　未来社会をどう作るか　185
資本主義が抱える問題の本質／グローバル化によって生じる問題への向き合い方／気候問題から考えてみる／人口問題の考え方／民主主義はもう終わり？／「世界政府」は可能か？／問題を明確にし、ともに考える

第6章　哲学をどう始めるか　217
哲学の始め方／古典を時代順に読んでいく／お気に入りの哲学者を見つける／本質観取の哲学対話／学校教育の中で

おわりに　竹田青嗣　241

第1章

哲学をよみがえらせる

哲学は瀕死の状態である

苫野　混迷の時代、これから世界はどうなるのか、その中で、私たちはどう生きていけばいいのか、考えあぐねている人は多いと思います。哲学は、まさにそのような問いを長きにわたって考え抜いてきた学問です。だからいま、哲学が多くの人に注目されているのだと思います。でも、そんな世間の期待とは裏腹に、じつは哲学は、もう長い間、瀕死の状態にあるんですね。とても嘆かわしいことに。

竹田　その通りで、十九世紀までは哲学は人間にも、社会にも大きな役割を果たしていたけれど、いまはほとんど死にかけの状態ですね。

苫野　そこで、まずは哲学がいかに瀕死状態に陥ってしまったのか、竹田先生からお話しいただけますか？　その上で、じゃあどうすれば哲学を力強くよみがえらせることができるのか、話し合っていけたらと思います。

哲学はいかに世界を説明するか

竹田　哲学の考え方の本質は二つ、一つは「原理」の学だということ、もう一つはリレーによって成立するということです。

「万物の原理は水である」。これがギリシャのはじめの哲学者タレス（前六二四頃？－前五四六頃）の説でした。その意味は、いまでいうと、「最も単純な元素は水素原子である」というのとほぼ同じ。つまり、この世界の森羅万象は最小の物質単位から構成されている、それを私は「水」と呼ぶ、です。

哲学でいう「原理」は、原理主義の原理とは全然無関係です。哲学でいう原理とは、じつは自然科学でいう法則とほぼ同じ。**哲学は、いろんな問題について、誰が考えてもそう答えるしかないね、という答えを探す思考であって、そのような答えを「原理」というんです。**この「誰が考えてもそうなる」答えの道を探して進むのが哲学の思考、これが哲学にとって一番大事な原則で、まず心にとめてほしい点です。

苫野　「原理主義」は、これ以外の考え方は絶対に認めない、という立場のことですね。それに対して、哲学のいう「原理」は絶えず人々の検証に開かれています。みんなで確かめ合って、確かめ合って、なお「なるほどそれはたしかにいえそうだ」と共通了解が得られてはじめて、それは「原理」と呼ぶことができるようになるわけですね。もちろん、その後もずっと、その原理は絶えざる検証に開かれ続けます。

竹田　もう一つ、哲学は「原理のリレー」として成立するということです。どういうことか。タレスの「万物の原理は水である」は、つまり世界が物質単位の集合であるという考え方をはじめて出した。これが、いまの自然科学の出発点となったんです。世界を構成する「おおもと」（アルケー＝原理）の単位があるというこの考えは、ギリシャで自然哲学として ずっと受け継がれたあと、近代になって自然科学の基礎になった。つまり現代の科学の理論にまで受け継がれているんです。いまでいうと超ひも理論ですね。

この「誰が考えてもそうなる答え」が、哲学では「普遍的な答え」、普遍的な思考の方法とされます。哲学は、答えの出ない深遠な問いをどこまでも考え続ける思考だ、という言い方がよくあるけれど、これはむかしの「形而上学」、世界の究極原因、根本原理を探究する学のことで大きな間違いです。かつてキリスト教神学者が、神の本質は何か、神の存在証明は可能か、といった問題を、何世紀にもわたって考え続けた。でも答えははじめからないんですね。

あとでもっと詳しく出てくると思うけれど、近代哲学では、神の存在証明は不可能だ、とか、戦争はなぜ起こるか、戦争抑止の根本原理は何か、自由な社会の根本原理は何か、といった時代の中での大事な問いについて、哲学者がまさにリレーしながら「普遍的な答え」を原理として鍛えていった。近代哲学はまさしくそういう優れた原理を生み出す言語ゲームになっていたわけです。

ところが、**二十世紀に入って、哲学のこの考え方の原則、普遍的な原理を時間をかけたリレーによって見出してゆく、という重要な原則が、いくつかの理由でほとんど消えてし**

まった。そのために、いま哲学は死にかけていて本来の役割を果たせなくなっているんです。

苫野　大事なことなので繰り返しておくと、いま竹田先生が「普遍的な原理」とおっしゃったのは、「絶対の真理」とか「絶対に正しいこと」ではなく、できるだけ誰もがちゃんと確かめることができる、共通了解可能な考え方、ということですね。

竹田　そうです。たとえば、キリスト教の「神が世界を創った」という考え方は、長くヨーロッパを支配していた。いまでもたとえば欧米の人権の考えには、もともと神が人間に自由の権利を与えたという観念がのこっている（日本では天賦人権論）。でも哲学的には、この考えはヨーロッパローカルの考えで、普遍的とはいえない。だから哲学的には使用禁止なんです。

　普遍的という言葉は、ヨーロッパ的普遍性という言葉とむすびつけられて、西洋中心主義的な考えだという言い方が広まっているけれど、それも大きな勘違い。普遍的とは、哲学的には、「どこででも」「誰にとっても」妥当する、という意味です。だから、ヨーロッパ的普遍性などというのはそもそも語義矛盾ですね。

　人間だけが言葉をもっていて、人間だけが言葉で世界を説明します。人間の社会ではそれが必要だからです。「世界説明」としては宗教がずっと古い。哲学は原理をリレーしてできるだけ普遍的な世界説明を作り出すといいました。これに対して、宗教は「物語」（神話）で世界を説明します。

キリスト教（ユダヤ教）の「物語」は、唯一の神が世界を創り、人間を創り、楽園に住まわせたが、禁断の木の実を食べて罪に落ちた、神は怒って人間に罰を与えた。つまり死の運命（もとは不死）、男性には労働のつらさ、女性には産みの苦しみ。じつにシンプルです。それで世界についてみなが疑問に思っていることにはっきりした答えを教えるのです。

もう一歩進むと、宗教の「物語」の最も重要な役割は、共同体の「善悪」「聖俗」のルールを立てることです。汝殺すなかれ、盗むなかれ、ですね。これを神の名で命じることで、つまり神の威力で人々にルールをまもらせる、そのことではじめて共同体の秩序が定まるのです。

苫野　人類にとっての宗教の大きな意義の一つは、まさに、共同体をまとめ上げることにありました。進化心理学者のロビン・ダンバー（一九四七－）が大変興味深い研究をしています。狩猟採集時代から、人類は数万年にわたって、霊的な存在と一体になってみんなで歌ったり踊ったりする原始宗教をもっていました。これはまさに、みんなでトランス状態になることで、共同体が一体感を得る機能を果たしていたんですね。ただし、この原始宗教がまとめることができる人数は、せいぜい二〇〇人くらいまででした。

一万年ほど前、新石器時代になると、人類は定住・農耕を始め、共同体の人口は飛躍的に増えます。それに合わせて、宗教も大きく進化します。というより、宗教を進化させることのできた共同体が、生き残ることができたんですね。人口が十万人前後になると、「天罰を与える神々」が登場します。そして一〇〇万人を超えると、「高みから道徳を説く神々」が現われます。そのような神を創り出し、やってよいこととといけないことを深いところで共有することのできた共同体だけが、ある程度長期間、崩壊せずに存続することができたわけです。キリスト教やイスラームなどの教義宗教は、その最終形態だといえます。

でも宗教には、どうしても共同体の壁を越えられないという問題がある。ここに、哲学が登場した必然性があるんですね。

竹田　そうです。世界説明の方法として宗教のあとに哲学が現われてきた。宗教の「物語」は共同体に固有のもので、みなでそれを信じることに意味がある。しかし哲学は共同体の「物語」ではなく、文化や宗教に関係なく、万人が納得できる世界説明を鍛えていくという独自の方法をもって現われてきたんです。

はじめは宗教的な世界の物語で問題なかった。しかし徐々に交通や技術の発達によってさまざまな共同体が交流してぶつかり合うようになる。そういう場面で、共同体の「物語」ではなく、それを超える「共通の世界説明」が必要になってきたのです。それが哲学が新しい世界説明として登場してきた理由です。

苫野　まさに、古代ギリシアで哲学が発展した背景には、海に面したギリシアには、じつに多様な宗教や言語の持ち主たちが行き来したことがあったといわれています。近代ヨーロッパで哲学が発展したのも、同じ理由です。当時は、キリスト教とイスラーム、さらに同じキリスト教徒どうしが、カトリックとプロテスタントに分かれて凄惨な命の奪い合いを繰り広げました。どうすればそんな争いをなくすことができるか。どこまでなら共通了解可能な考えを見出せるか。ここに、哲学の最も大きな動機の一つがあったわけです。

竹田　まさしくそうですね。中世ヨーロッパはキリスト教世界だったから、ここでの哲学はじつはキリスト教神学。神の存在についての形而上学だけがあった。しかし途中から、カトリックとプロテスタントの分裂が現われる。宗教の教義は「物語」でできている。二つの宗教的「物語」の対立なので、解決の道はどこにもなく、そのため、激しい宗教戦争になった。近代哲学の考えが、新しい世界説明を出すことでこの深刻な対立を克服したのです。

ここで出てきた哲学の考えはこうです。宗教的教義の対立では、どちらが正しいかの答えは決して出ない。この対立を超えて多様な人間が共存できる唯一の原理は、それぞれが互いに相手の信仰を承認し合う「相互承認」にもとづく「市民社会」（王権による専制社会ではなく、ルソーなどによって構想された、市民の主権による近代社会）だけであると。

それまではカトリックかプロテスタントかは、大問題だった。しかし相互承認の考えによって「市民」という新しい枠組みが現われた。信仰は人間の内的な属性の一つになり、市民として互いに認めあって関係し合う。このことではじめてヨーロッパの市民社会が可能になったんです。

ロック（一六三二－一七〇四）、ルソー（一七一二－一七七八）、カント（一七二四－一八〇四）、ヘーゲル（一七七〇－一八三一）などがこの「市民社会」の原理をリレーして鍛えあげてきた。また、これが現在の民主主義社会の根本設計図なんですね。

それだけではなく、近代哲学はヨーロッパのキリスト教という巨大な世界像が崩壊したあと、完全に新しい仕方で人間の存在理由やその価値と意味について考えなおしました。人間の自己理解という点でも近代哲学は大きな仕事を果たしている。そんな具合で、哲学はヨーロッパの近代という時代を通してきわめて重要な役割を果たしていました。ところが、二十世紀に入って、なぜか哲学の根本方法、物語ではなく普遍的な仕方で人間と社会を考えるという方法が忘れられてしまった。

その理由を大きくいえばこうなります。近代市民社会の考えは、はじめヨーロッパの人々にとって希望の星だった。というのも、近代以前は絶対専制支配の社会で、人間の自由はまったく存在しなかった。近代市民社会の考えは、歴史上はじめて、人間に「自由」を解放する社会の原理だったんです。

ところがその後近代社会は、新しく成立した国民国家どうしのひどい闘争状態になり、その結果、植民地争奪戦争をへて国民国家どうしの世界戦争というカタストロフィーにまでゆきついた。これは近代の大きな暗黒面で、その結果は恐るべきものだった。

近代社会が生み出したこの大きな矛盾を克服しようとして、まずマルクス主義が現われ、つぎにポストモダン思想が登場したのです。この二つの思想は、こうした事態を生み出したヨーロッパ近代への反省が大元にあり、だから近代市民社会自体に批判的でした。そのため、それを支えた近代哲学とその方法を強く批判したんです。

マルクス主義とポストモダン思想の問題

苫野　本書は、哲学にはじめて触れる方や、高校生などにもぜひがんばって読んでいただきたい本なので、用語解説も随時していきたいと思います。話を進める前に、竹田先生、まずはマルクス主義とポストモダン思想について、できるだけ簡潔にお話しいただけますか？

竹田　マルクス主義とポストモダン思想は、植民地戦争や世界戦争といった近代社会のひどい矛盾を克服しようとして現われた二つの哲学思想です。

近代国家（近代以後、伝統的な王権国家（＝王国）に代わって現われた、市民主権型の国家）の経済システムは資本主義です。マルクス（一八一八－一八八三）は、資本主義が生み出す格差の拡大こそ、社会の矛盾の根源だと考えた。これは正しいと思います。そこで、これを克服する「原理」を考えました。私的所有と自由競争の廃止です。これも「平等」を実現する原理としては正しかったと思う。ところがこのアイデアで現われた社会主義国家は、ほぼ例外なくひどい独裁国家になってしまった。

マルクス主義思想では、「平等」を可能にする原理はおいたが、人間の「自由」の原理は忘れられてしまった。つまり、自由を実現する原理がないんです。これがマルクス主義思想が挫折した最も大きな原因です。

苫野　全員を平等にするという大義を実現するためには、どうしても、一人ひとりの自由や私有財産を無理やり奪う必要が出てきてしまうんですね。ロシアのボリシェビキ革命（一九一七年）は、歴史上はじめて、マルクス主義が権力を掌握した例です。彼らが掲げた「プロレタリア独裁」は、必要に応じて暴力によってでも反抗勢力を排除することを公言していました。

一九四九年には中華人民共和国が成立しますが、中国共産党の当初の計画はじつにシンプルでした。地主たちをことごとく射殺し、農民に土地を分け与える。そうすれば、農民はみな共産党を支持するようになるだろう、と。

竹田　もう一つ、社会主義国家では必ず粛正（政治的反対派の処刑）というものがつきもので、ソ連、中国、などで、第二次大戦の戦死者よりもっと多くの人々が粛正の犠牲になったといわれています。ポストモダン思想はそういうマルクス主義の失敗をにらんで、マルクス主義と資本主義の両方を批判する思想として現われました。批判の動機はたいへん正しかった。しかし方法に問題がありました。ポストモダン思想は、あらゆる既成の権威、制度、観念を徹底的に「相対化」して批判するというのがその根本方法なんです。ところがこれは哲学的相対主義が土台で、普遍的な原理を捉えようとする近代哲学の方法を強く否定します。

　そのいい分は、普遍性をもとめる原理の方法は、マルクス主義がそうだったように、正しい考えは一つしかないという独断主義に陥る。ナチズムなどの全体主義もそうで、普遍性や原理という考え自体が危険なものだ、というんです。しかしこれも奇妙な誤りです。

　近代哲学が示した原理は、多様な価値観を許容する社会（つまり自由を実現する社会）は、自由の相互承認にもとづく「自由な市民社会」だけだという考えだからです。そしてこの考えはどこでも通用する普遍的な考えです。これはあとでもう少し詳しくいえると思います。

　ともあれ、ポストモダンの相対主義は、社会的な批判思想としては時代のチャンピオンになって、現状の一切を相対化して鋭い社会批判を行なった。じっさい資本主義社会にはさまざまな矛盾が現われ、その批判者として大きな役割を果たしたと思います。しかし相対主義が基本方法なので、つまり普遍的な考えを否定するために、ではどういう社会を作るかというオルタナティヴはまったく出せなかった。そのため「批判のための批判思想」になってしまったんです。

　ポストモダン思想もマルクス主義と同じく、近代社会を近代以前の絶対支配とは別の新しい支配社会と捉えて批判しました。しかし哲学的にいえば、マルクス主義もポストモダン思想も、近代哲学による近代社会の「原理」を超える原理を出しているかというと、そこが決定的にできていないのです。つまり、ひとことで、近代哲学のほうが「自由と公正」の社会の原理として優れているのです。

　しかし二十世紀は、この二つの世界思想が近代哲学の方法を強く批判したために、哲学の普遍的な思考自体が危険なものとして否定されてしまった。じつに悲しいことです。それから分析哲学（言語哲学）が、現代哲学のもう一つの主流になるけど、これも基本方法が相対主義です。ここでは言語についてのパズルのゲームが延々行なわれていて、基本的に、人間や社会の問題について探求する方法がありません。
ともあれ、ポストモダン思想の「何でも批判する」相対主義思想は、二十世紀の後半、教育や文学や法学やその他さまざまな学問分野にも入り込んで広がりました。そこではすべてが「既成の考えや制度をどこまでも疑って解体せよ」となって、「では新しい考えをどう作るか」という方向に進むことを大きく阻害したと思います。そういう事情は、苫野くんはなによりよく知っていると思いますが。

苫野　教育哲学も、九〇年代以降、学校批判、教育批判に明け暮れました。その結果、「ではどうすればよいのか」について、気がつけばほとんど誰も考えられなくなってしまったんですね。

竹田　いま、現代社会には、さまざまな矛盾、富の格差、テロ、パンデミック、戦争、環境と資源の問題、民主主義の衰退、歪んだ資本主義の問題など、克服すべきさまざまな問題が山積している。相対主義の哲学はそういう問題を原理的に考える方法をもっていない。原理の方法はよくないというのがその大きな前提になっているからです。われわれがいま必要としているのは、むしろ、普遍的に、原理的に考えるという哲学の本来の方法です。

科学は「事実学」、哲学は「本質学」

苫野　ここまで読んでこられた方の中には、普遍的な原理を見出す役割は、いまや科学のものではないか、と思われた方もいるのではないかと思います。たしかに、哲学が衰退する一方で、近代科学は大変な進歩を遂げてきました。そこでここで少しだけ、哲学と科学の関係についてもお話ししてみたいと思います。

古代ギリシアの時代から十八世紀くらいまで、ヨーロッパでは学問の営み——知を愛し探究する営み——は、すべて哲学と呼ばれていました。だからいま私たちが科学と呼んでいる営みも、もともとは哲学だったんですね。十七〜八世紀のニュートン（一六四二－一七二七）も、自分のやっていることは自然哲学であると考えていました。

物理学でも、社会学でも、博士号のことをPh.Dといいますが、これはドクター・オブ・フィロソフィーのことです。あらゆる学問は、そのもとをたどれば哲学である、という歴史が刻まれた言葉です。

しかし今日、哲学と科学は、相変わらず家族関係にはあるけれど、ずいぶんと違うものになっています。二十世紀の哲学者、エトムント・フッサール（一八五九－一九三八）の言葉を借りれば、近代科学は「事実学」なんですね。物理法則など、「事実」について明らかにするのが科学の主な役割です。

それに対して、哲学は「本質学」と呼ばれます。とりあえず細かいことをおいていうと、「意味」や「価値」の本質を明らかにする学問であるということです。自由とは何かとか、教育とは何か、善とは何か、よい社会とは何かとか。私たちがよみがえらせたいと考えているのは、この「意味」や「価値」の、共通了解可能な本質を問い合う哲学の営みなんですね。

竹田　その通りで、少しつけ加えると、近代の自然科学はギリシャの自然哲学からのリレーとして現われた。万有引力を論じたニュートンの著作のタイトルは『自然哲学の数学的原理』。つまり、近代以後、自然の領域は自然哲学から進化した自然科学が受けもち、人間と社会の領域が哲学の主題となったんです。哲学の認識は、「事実」の認識ではなく「本質」(価値と関係)の認識です。

自然科学の方法は十九世紀になるといっそう進化して、それへの信頼が大きくなります。十九世紀の半ば、オーギュスト・コント(一七九八-一八五七)が登場していいます。近代哲学は絶対真理を探求する悪しき形而上学だった。哲学の方法はもう古い。いまやわれわれは、自然科学の方法、つまり実証主義の方法を人間と社会の領域にも適用して、新しい社会認識の方法をうち建てるべきだ、と。これが二十世紀以後の社会科学や人文科学の基本の方法になった。

　この考えに対してフッサールは批判します。これはコントの大きな間違いだと。自然科学は、自然世界を客観的に認識するよい方法をうち建ててきた。この方法をフッサールは「自然の数学化」注と呼びます。

　自然の認識は「事実」の領域なので、実証的データによる自然科学の方法が適っている。ところが、人間や社会の領域は「本質」の領域で、なにより価値の観点が入ってくるので、数学とデータを基礎とする自然科学の方法は無効であると。たしかに論より証拠で、二十世紀以後の人文科学、社会科学では、あらゆる分野で学説の対立が生じたんですね。心理学、政治学、社会学、歴史学、経済学など、どんな分野でも例外なしです。

　たとえば「社会とは何か」という問いは、社会を事実として捉えればよいのではない。社会の問いは、必ず「よい社会とは何か」という価値の問いを含んでいるからです。事実を集めてそれを整理、区分する自然科学の方法は役に立たない。だから、ここでは、科学の方法とは違う新しい普遍的な方法を見出す必要がある。哲学はまさしくそういう方法を

注　『ヨーロッパ諸学の危機と超越論的現象学』でフッサールは、自然科学は、人間が自然から受けとる感性的データのすべてを、数学的な単位の記述体系とするという根本方法によってうち建てられ、その完成者はガリレオ・ガリレイだった、と述べている。画期的な洞察といえる。

鍛えてきた。こうしてフッサールは、人間や社会の領域の普遍的な認識としての哲学の方法を、「事実学」と対置して「本質学」と呼んだんですね。

「そもそも」を問う

苫野　この本質学の方法を駆使して、竹田先生も私も、これまでまさに「よい社会」とは何かとか、「よい教育」とは何か、また、「美」とは何か、「芸術」とは何か、「愛」とは何かといった問いを探究してきました。

でもこうした問いは、現在では一部を除いてあまり問われることさえなくなってしまっているんです。「よい社会」とは何か、「よい教育」とは何か、といった問いに対して、「そんなものは明らかにし得ない」ということを、二十世紀の多くの哲学者はひたすらい募った。どんな主張も、あの手この手でことごとく相対化したんですね。

その結果、人文・社会科学も、ある意味で瀕死状態に陥ってしまいました。経済学にしても社会学にしても教育学にしても、本来であれば、そもそも「よい経済」とは何か、「よい社会」とは何か、「よい教育」とは何かという問いなしには成立しないはずです。どのような経済や教育をめざしていけばよいのかという問いが、これらの学問の土台には必ず必要なはずなんです。そうでないと、何を、何のために、どのように研究すればよいかということも、見失われてしまうからです。こうしていま、人文・社会科学の底は完全に抜けてしまったんですね。

竹田　ところが、いま、そういうポストモダン的相対主義の威光がかなり衰えてくると、アメリカを中心にこんどは科学万能主義が台頭していますね。一つの例が、人間の「心」は脳の秩序の問題に還元できるという物理一元論。これはコントの実証主義の二十一世紀版ですね。人間の「心」を物理学的な言語に還元できれば、自然科学と人文科学は統合されるというアイデアです。現在のコンピュータ科学の進歩がその背景にあって、人間と同じ知性をもったAIを作ろうとする試みと一つになっている。

哲学的には、心の認識と事物の認識を一元化しようとする試みは近代のはじめからあって、身心一元論と呼ばれている。スピノザ（一六三二－一六七七）やライプニッツ（一六四六－一七一六）がその代表です。現代では、ダニエル・デネット（一九四二－二〇〇四）やポール・チャーチランド（一九四二－）という人たちがこれとほぼ同じ「物心一元論」を主張している。でもこのアイデアは、どこまでも事実学であり、人間を主題とする場所では原理的に成功しません。意味や価値、関係の領域を普遍的な仕方で認識する方法を出しているのは、いまのところ現象学の本質学の方法だけです。

でも現代哲学は現象学をほとんど理解していないので、なぜ物理一元論はうまくいかないかという原理が理解できない。これは錬金術と同じです。卑金属から金は合成できないことが原理として分かると錬金術は終わりますね。価値の関係が問題となる本質学の領域では、事実学は錬金術と同じで無効です。そのことが理解されないため哲学的に無意味な議論が続いています。

要するに、いまわれわれの社会では、「よい社会」とは、「よい経済」とは、「よい福祉」とは何かといった問いが大事になっているのだけれど、この問題は、ポストモダン思想（相対主義）や科学的実証主義の方法では問う方法がないんです。価値の問題を扱うことのできる哲学の方法、つまり「本質学」の方法が必要だからです。

苫野　まさにですね。これらの問いに答え抜くための哲学的な思考法は、すでにちゃんと鍛えられているんです。でもそれが、現代の哲学者たちにさえほとんど知られていない。そのことに、私たちは大きな問題意識を抱いているんですね。

竹田　十九世紀から二十世紀にかけて、フッサール以外にも、ニーチェ（一八四四－一九〇〇）、ハイデガー（一八八九－一九七六）、ヴィトゲンシュタイン（一八八九－一九五一）といった優れた哲学者が現われてきた。あとで話が出ると思いますが、彼らはきわめて本質的な「原理」を提出しています。けれども驚くべきことにその原理が、現在の哲学者にほとんど理解されていない。ほんとうかと思うかもしれませんがそれが現状です。

いちばん大きな理由は、普遍的な認識なんてありえないよという相対主義哲学の勢いがとても強かったためです。このために哲学の原理や普遍性の方法自体が否定されてしまった。それがたとえば「大きな物語は終わった」という言い方の意味です。

　少し先走っていうと、今、われわれが立ち向かうべき課題ははっきりしている。社会の問題では、現在の資本主義はどこまでも格差を拡大するような方向に進んでいて、これは現在のさまざまな社会矛盾の元凶といえます。しかし経済のシステムとしては資本主義自体を否定することはできない。なぜなら民主主義と資本主義は表裏一体で切り離せないものだからです。

　つまり、自由市場経済は民主主義の制度と一体の関係にある。自由市場経済が個々人の経済的自立を可能にしており、また個々人の経済的自立が民主主義の自由な権利の相互承認の前提だからです。しかし、資本主義の矛盾がひどく大きいので、では資本主義をやめればいい、というイメージの思考に流されてしまうわけです。なぜ市場経済と民主主義が切り離せないかも、哲学の原理の思考なしにはつかめない。

苫野　資本主義と民主主義の未来については、第4章と第5章でじっくり論じ合いたいと思っています。ただその前にいっておかなければならないのは、そのためには、そもそも資本主義とは何か、民主主義とは何かというその本質を、まず明らかにしておかなければならないということです。「そもそも」を理解せずに、その未来を考えることなんてできるはずがないですからね。まさに本質学、つまり本来の哲学が求められるということです。この本質学の方法については、本書全体を通して示していけたらと思っています。

私には哲学がこのように役立った

苫野　その前に、せっかくの初の師弟対談本ですので、ここでまずは竹田先生との出会いについて少しお話しさせてください。個人的な話で恐縮ですが、思考のリレーの一つの実例でもあると思いますので。

詳しくは『子どもの頃から哲学者』（大和書房）という本に書いたことがあるんですが、私自身は、高校生の時から八年ほど、躁ウツ病に苦しんだ時期があったんです。それが、哲学に出会ったことで、哲学の力で躁ウツを克服することができました。二十代後半のことです。でも若い頃は、ウツの時期は毎日死ぬことばかり考えていて、他方、躁状態の時は、これまたいろいろとやらかしてしまって、周囲の人にたくさん迷惑をかけました。

そして人生最大の躁状態がやってきた二十代前半の時に、「人類愛」という〝啓示〟に襲われたことがあったんです。全人類は、みなつながり合っていて、したがってそもそもにおいて愛し合っている。そんな強烈な〝啓示〟に打たれたんですね。手を伸ばせば届きそうなほどリアルに、「人類愛」がありありとしたイメージを伴って目の前に見えた。その時私は、自分は世界の真理を見たと思いました。悟りを開いたと思った。もちろん、いま振り返ってみれば、異常な精神が引き起こした狂騒状態だったとは思うんです。でも同時に、あの恍惚的な体験は、それまでに味わったことのないような至福でもありました。でも、その後またウツがやってきた。特大の躁を経験したので、その時やってきたのも特大のウツでした。

竹田哲学に出会ったのは、その頃のことでした。大学時代から竹田先生の本は何冊も読んでいたんですが、その時読んだのは、出版されたばかりだった『人間的自由の条件』（講談社）でした。二〇〇四年のことです。読みながら、私は、それまで自分が大事にしてきた「人類愛」の思想が、音を立てて崩壊していくのを感じました。

それからしばらく、ますますウツになっていったんですが、何とか竹田青嗣を論駁してやらねばと思って、先生の本を改めて全部読みました。その結果、ますます自分が崩壊していったんですね。でも同時に、自分の中に、その壊れに壊れた自分を、哲学で立て直せるんじゃないかという直感もじつはやってきたんです。哲学の強靭な思考法が、自分の中に少しずつたまってくるのを感じた。

そんな矢先、竹田先生が早稲田大学の教授になられたんですね。私は当時、早稲田の大学院生でした。もうこれは運命だ、会いにいくしかない、と思って、一週間緊張で眠れない夜を過ごしてから、意を決して研究室のドアを叩きに行きました。

竹田　改めて聞いてみたいけど、竹田の門を叩いたいちばんの理由は何だろう。ひとことでいえば、「超越性」の考えは無効だということに気づいたということかな?

苫野　そうですね。「超越性」の無効。要するに、確かめ不可能な物語で世界を説明するなということですね。

私の「人類愛」は、まさに超越性の思想そのものでした。人類はすべて、そもそもにおいて愛し合っている。これまで存在したすべての人類も、これから存在するすべての人類も含めて、みんな。「人類愛」の思想は、そうやって世界のすべての問題を一挙に解決する思想でもあったわけです。本当は孤独な人間なんていない。愛されてない人間なんていない。不幸など存在しない。そんな感じですね。

でも、竹田青嗣を読んだことで、「超越性」の思想は哲学的には無効である、ということを突きつけられたんです。そして、完膚なきまでに叩きのめされてしまった。私はたしかに、あの時、宗教的ともいうべき恍惚状態の中で「人類愛」の啓示を受けた。けれどもそれは、誰もが確かめられるようなものじゃない。だとするなら、それは真に普遍性を得られる思想にはなり得ない。

哲学は〝確かめ可能性〟を徹底的に突きつめる。これが、私が竹田先生から学んだ一つの重要な哲学的姿勢です。誰もがちゃんと後追いして確かめられること。その原理性を突きつめること。その哲学の強靭さに、私はあの時、ぶっ飛ばされたわけです。

竹田　苫野くんは文字通り哲学の門をコンコンとノックして登場したんですね。で、研究室のドアを開けてみたら、筋肉むくむくでピチピチのピンクTシャツを着た若者が（笑）、なぜか青白い顔をして「竹田先生でしょうか?」と。「お邪魔しませんのでゼミに参加させてください」。研究室の助手手伝いをしていた学生と思わず変なやつが来たぞ？と顔を見合わせた。

で、初級ゼミの教室のいちばん後ろに座っていたんだけど、その授業が終わって教室のそとに出たら、苫野くんが一年生をあつめて、なんだ君ら竹田青嗣を知らんのか？あとでみなで呑みに行こうぜ、とかもうすっかり仕切っているんですね（笑）。そのときは、こんな長いつき合いになるとは夢にも思わず、だったですね。

途中で苫野くんは、異文化異世代教育環境というある種の「学校」を作るという自分のプロジェクトが目標だ、といっていたんだけれど、私には直感的に、こいつはもう哲学をやるしかないな、という感じがあった。長年哲学教師をやっているので、少しつき合うと、哲学の素養があるかないか、独り立ちしてやっていける才能があるかないか、すぐに分かるんですね。はじめはたしか小説家にもなりたいといっていたけど、これは試作を読んで却下しました（笑）。ともあれ、それからずっと一緒に哲学の勉強を続けて、無事、哲学者になりました。

私は明治学院大学から早稲田大学に移るとき、どうするかだいぶ悩んだけれど、結果的には、苫野くんほか、竹田哲学のエッセンスをリレーしてくれる人たちと出会えてほんとうによい選択だったなと思っているんです。

哲学はリレーされることで鍛えられる

苫野　そのリレーされたものについてちょっとお話ししたいんですが、私が、人類愛の崩壊を通して竹田先生から受け取った重要な考え方は、大きく二つあるんです。
一つは**「欲望－関心相関性」の原理**。竹田哲学の最重要概念の一つですね。そしてもう一つが、ヘーゲルから継承された**「自由の相互承認」の原理**です。
まずは「欲望－関心相関性」の原理から。リレーということでいえば、プラトン（前四二七頃－前三四七頃）、ヘーゲル、ニーチェ、フッサール、あとハイデガーなんかがその先達として挙げられます。それを竹田先生が「原理」としてリレーし、鍛えた。
竹田　前にいったけど、哲学では、前の哲学者がおいた「原理」が哲学のテーブルの上でリレーされて、ますます普遍的な形に鍛えられていくということが決定的に重要です。

ギリシャ哲学は、二五〇〇年の歩みのうちで世界の「原理」（アルケー）について考え続けてきた。その全体を通して、物質の基礎単位、構造、因果性、動因、そして世界の全体像という、現在の自然科学の基本となる枠組みを創り出した。それが近代になって自然科学としてリレーされたんです。ここには数学も含まれています。ギリシャ哲学の自然哲学の展開なしに、近代の自然科学はないわけです。

私のことをいうと、プラトン、ヘーゲル、ニーチェ、フッサールの四人が私の哲学の師匠で、いわば長男がプラトン。とくに「善のイデア」という考えです。哲学の根本主題は「真理」の認識ではなく、「価値」の原理の認識だということを彼がはじめていった。

苫野　竹田先生が、これらの哲学者たちからバトンを引き継いで体系化した人間の「価値」についての哲学理論が、いわゆる「竹田欲望論」です。「欲望‐関心相関性」の原理とあわせて、竹田欲望論についても、このあとじっくり論じ合えたらと思っています。

第2章

哲学の根源をたどる

「本質学」としての哲学の根本を探る

苫野　第2章では、哲学二五〇〇年以上の歴史における最も重要な成果について、できるだけ分かりやすく論じ合っていきたいと思います。と同時に、そのリレーの先頭を走っていると私が考えている竹田哲学の原理についても、お話ができればと思います。

まずは、先ほどお話しした「欲望‐関心相関性」の原理について。竹田先生がおっしゃったように、これは、プラトン、ヘーゲル、ニーチェ、フッサールらのバトンを受け継いで、竹田先生が原理として鍛えたものです。その内実をごく簡単にいえば、私たちの認識の一切は、つねにすでに、私たちの欲望や関心の色を帯びている、ということです。たとえば、目の前のリンゴは、お腹が空いていれば食べ物として立ち現われるかもしれませんが、誰かに襲われたら投げつける武器になるかもしれない。暇な時は、遊ぶためのボールになるかもしれません。こんなふうに、私たちの認識は、つねにすでに欲望相関的なのであって、何か「絶対的な認識」などというものはないんですね。要するに、私たちは世界を無色透明の姿で見ているのではなく、必ず人間的な意味や価値の相において認識しているということです。

竹田　プラトンでは、「真のイデア」ではなく「真知のイデア」といいますが、つまりこれは「事実」についての正しい認識にすぎない。「善のイデア」（善の本質）が人間の一切の認識的探求の根本にある、というのが、有名な「洞窟の比喩」(『国家』で語られる「善のイデア」を説明するための寓話)のエッセンスです。ここに、哲学の認識は「事実」についての正しい認識ではなく、「本質」の認識、つまり人間世界の価値の諸関係の認識であるという考えがよく示されている。

それから、近代哲学者には何がよい社会を可能にするのかという問いが中心主題としてあった。その軸をなすのは、一つは「自由な社会」はいかに可能か、ですね。それからさらに、人間にとって何が「よい」のかという問いです。ホッブズ(一五八八－一六七九)、ヒューム(一七一一－一七七六)、ルソー、スミス(一七二三－一七九〇)、ミル(一八〇六－一八七三)、カント、ヘーゲルといった優れた哲学者たちには、社会の事実を客観的に認識するといった発想はまったくなかった。

私が、プラトン、ヘーゲル、ニーチェ、フッサールからリレーしたいのは、なぜ人間世界にだけ善悪や美醜という価値の秩序が現われているのか、人間にとって「真善美」という価値の秩序の意味あるいは本質は何かという問いで、この問いは哲学ではまだほとんど未開の領野なんです。しかし、この問いなしには「よい社会」の問いも成立しない。

苫野　「善のイデア」について一言補足しておくと、一般に、プラトンのイデア説というのは、いわば天上界の絶対の真理を説いたもの、といった意味で理解されています。この世は仮象であって、いわば影である。真なる世界、光の世界は、本当はイデアの世界にあるのだと。

たとえば、この世にはさまざまな美しいものがあるけれど、それらは「絶対の美」というわけじゃない。それでも、そうした諸々の美を私たちが美しいと思えるのは、天上界に美のイデアが存在しているからだとプラトンはいうんですね。人はこの世に生まれる前、イデアの世界にいて、美のイデアを見ていた。だからこの世でも、美しいものがあれば、美のイデアを思い出し、それに照らして、美しいものを美しいと認識するのだと。一般に想起説と呼ばれているものです。

たしかにプラトンは、いろんなところでそのような書き方をしています。二四〇〇年も前の哲学者ですからね。まだ人々が、神話の世界に生きていた時代です。神話的な語り口が見られるのは当然のことです。

でも、私たちが最も注目したいのは、プラトンが、イデアのイデアは「善のイデア」である、といった点なんですね。「真のイデア」ではなくて、「善のイデア」がイデアのイデアです。この点に注目すると、プラトンの哲学の意義が鮮やかに見えてくると思います。

プラトンはこういうのです。人はたしかに、真善美を求める。でも、その中でも圧倒的に「善」をこそ求めるのだと。私たちは誰もが絶対の「真」を求めるかといわれたら、必ずしもそうではない。それこそフィクションの世界だって、私たちは十分に楽しめるわけです。絶対の「美」を求めるかといわれても、別にそういうわけじゃない。ちょっと可愛いものが手元にあれば、満足できるということもある。でも「善」は違う。そうプラトンはいいます。

ここでいわれる善というのは、必ずしも道徳的な正しさということではなくて、「よく生きる」ということですね。**私たちは誰もが「よく生きたい」と願っている。**人生をよりよく生きたいと思っている。より悪く生きたいなんて思っている人はいないはず。そうプラトンはいうわけです。そして、人は誰もが、このような善への希求を底にもちながら世界を生きている、世界を見ているのだと。まさに欲望相関性の原理の源流です。

竹田　その苫野プラトン論には完全に賛成です。同じ「善」の哲学でも、カントの善は「道徳」の善だけど、プラトンの善は道徳的善ではなく「関係のよい」の善なんです。それから、真善美は並んでいるのではなく、善のイデアがほかのイデア（美のイデア、真知のイデア）の王、キングオブキングスなんです。だから「イデアのイデア」といわれる。

その力点は、私流にいうと、人間的価値の秩序の源泉は「よい－わるい」の価値で、そこから美の価値もでてきた、です。またその先に真実と偽りがでてきた。

プラトンの言い方では、善は人間の欲望の本質的対象である。いいかえると誰もが根本的には「よく生きたい」という欲望をもっている、ですね。誰でも「美しい」ものに引かれるし、それは誰もが知っていることだが、じつはこのことが、善の欲望の本来性の一つの証拠なんだと。この言い方はプラトンならではですね。

少し言い方を変えれば、人間はもし条件があれば、誰でも他者とよい関係をもって楽しく生きたいと思うが、いろんな理由でそうはできない。あるいは、人間は条件がよければおのずと善への欲望を育てるが、条件が悪いといろんな挫折に出会って、迂回路をとる。プラトンの思想の直観はそういうものだったと思う。一見単なるロマンチシズムのように聞こえるけれど、立ちどまって考えるとなかなか説得させられるものです。私の欲望論、あるいは欲望相関性の原理はそういう人間の価値の問いが出発点です。

苫野 なるほど。竹田先生は『欲望論』の第二巻「『価値』の原理論」で、人間の価値の秩序がどのように発生してきたかを解明されているのですが、そのインスピレーションの源はプラトンだったんですね。竹田説では、私たちはまず、親などの養育者からやって「よい」ことと「悪い」ことの分節を教わります。ここで「善－悪」の分節が私たちの中に生じるわけですが、その他の人間的な価値、すなわち「ほんとう－うそ」「美しい－醜い」などは、その派生として分節されるものである、と。

ただし、発生論はどうしても仮説性を含むものなので、この竹田説は今後、さまざまに検証されなければならないと思います。その一方、「欲望－関心相関性」の原理については、これは誰もが確かめうる認識の原理であるというのが私の考えです。

この原理が私にとても響いたのは、先ほど話した「人類愛」の思想が、この原理によって木っ端みじんにされてしまったからなんです。あの時、私はたしかに「人類愛」の啓示を受けた。でもあれは、もしかしたら、私のある欲望に相関的に立ち現われたビジョンだったんじゃないか。そんなことに思い至ってしまったんですね。

それは「孤独を埋めたい欲望」でした。プラトン的にいえば、孤独から抜け出して「よく生きたい」という欲望でした。幼少期からいろいろあって、一人勝手に孤独感を抱えていたんですが、その孤独感が、かえって私に「人類愛」の幻影を見せたんじゃないか。そんな思いが、あの時私にはストンとやってきたんです。孤独は嫌だ、理解されたい、愛されたい。いや、違う。何を自分はいっているんだ。孤独も何もない。全人類は、本当は誰もが愛し合っているんだから！……そんなふうにして、私はその「孤独を埋めたい欲望」に相関的に、「人類愛」という絶対愛の思想を反動的に抱くことになったんだと、そういう納得感が、私の中にやってきてしまったんです。

ニーチェもいっていますね。満たされなさやルサンチマンを抱えている人間ほど、ありもしない理想の世界を描くことになる、と。「この世は苦しみに満ちている。したがって、苦しみのない理想の世界があるはずだ」。そんなふうに、彼岸の世界を捏造するのだと。

この「欲望－関心相関性」の原理は、じつは非常に応用可能性の高い原理です。第4章と第5章では、資本主義や民主主義の未来について論じ合いたいと思っていますが、その時にも、この原理が一番底に敷かれることになるはずです。

近代民主主義の根本原理としての「自由の相互承認」

苫野　もう一つ、私が竹田先生から受け取った大事な原理が「自由の相互承認」の原理です。『人間的自由の条件』で私がいちばんぶっ飛ばされたのは、この原理でした。

この本の中で、竹田先生は、超難解で知られる十九世紀ドイツの哲学者、G・W・F・ヘーゲルの「自由」論の本質を、鮮やかに取り出して見せました。その一つのポイントが、「人間的欲望の本質は自由である」ということでした。人間は、誰もが「自由」に、つまり「生きたいように生きたい」と欲望してしまう。でもだからこそ、その「自由」をめぐって争ったり、無様にあがいたりしてしまう。

これを読んだ時、私はストンと来てしまったんですね。そして、木っ端みじんにされてしまった。そうだったのか、これまで自分がいろいろ苦しんできたのは、つまるところ自分が「自由」に生きたかったからなのか、と。子どもの頃に、自分は誰にも理解されないと悲しんだり、二十代の時に「人類愛」の中で安寧を得ようとしたりしたのも、全部「自由」への欲望ゆえのあがきだったのか、と。

ヘーゲルは、では人間はどうすれば「自由」に生きられるのか、ということについても克明に論じています。その最も大事な考えが「自由の相互承認」です。私たちは、自分の自由だけを好き放題に主張していても、決して自由になることはできないんですね。自分は自由だ、何をやろうが勝手だ、とやっていると、必ず他者が、そんなことは認めないといって争いになる。そうすると、自由も何もあったものじゃなくて、ひどい場合は戦争になる。

だから、もしも私たちが自由に平和に生きたいのであれば、まずはお互いの自由を認め合う約束をするほかにない。どんな生き方をしようが、どんな思想信条をもとうが、どんな言論をしようが、それが他者の自由を侵害しない限り、認め合う。そのような約束を相互にしない限り、私たちはいつまでも争いを続けることになってしまう。これが、近代民主主義社会の根本原理としての「自由の相互承認」の原理です。哲学二五〇〇年の歴史における、これは叡智の中の叡智だと私は考えていますが、『人間的自由の条件』を読んで、私は、そうか、人類がめざすべき社会の指針はここにあったのかと、深く納得したんです。

竹田　いや、じつのところ、私もはじめてヘーゲルの『精神現象学』をまともに読んだとき、「相互承認」の原理のところで衝撃をうけた。というのは、当時、私はマルクス主義の考えこそが、近代社会を最も正しく説明するものだと強く説得されたんだけど、ヘーゲルによってその世界観がいっぺんにひっくりかえってしまった。マルクスにはつかまれていない近代社会の根本的な設計図というものが頭に入ってきたんです。

マルクス主義の文脈では、客観的な認識は必ず存在する、それがマルクス主義の世界観だという考えで、同世代の世界中の若者を強く捉えた考えだった。そのあと、ポストモダン思想が登場して、絶対的な「真理」はどこにもない、と強い説得力で主張した。これもきわめて強力で次の世代の青年たちがなるほどと思った。

それから、次に私がぶつかったのがフッサールです。フッサール哲学のエッセンスは、普遍的な認識というものは可能か、という問題をはっきり立てて、これを見事に解き明かしている点にある。

フッサールはこういうんです。たしかに真理は存在しない。でも大丈夫「普遍的な認識」というものはちゃんと存在する。そのことはある方法ではっきり証明できるよと。それが現象学的還元という方法ですね。で耳を傾けてみると、たしかにそれが証明されている。これも、私には目から鱗の体験だった。

ところがです。不思議だったのは、自分はヘーゲルやフッサールの思想に目の覚めるような衝撃を受けたのに、当時は（一九七〇年代）、二人とも、現代哲学で大きな批判の的になっていて、そこからリレーのバトンをつなごうとする者は誰もいない。マルクス主義でもポストモダン思想でも、ヘーゲルとフッサールはもう終わり、とされていた。これがまたショックだった。

私は困った。その頃私はまだ哲学はほぼ素人。むしろ文学に関心があった。でもこの二人の哲学の精髄を自分は疑いなく受け取れたという確信があったんです。さてどうするか。その頃すでに文芸批評をはじめていたので、このときだいぶ悩みました。そして、ある時点で思いきって文学から哲学に方向転換することに決めたんです。彼らの哲学の原理をこのまま放ってはおけない、という気持ちでした。

苫野くんは私が彼らから受け取った原理をまたそこから先に下の世代へとリレーしてくれているんだけど、リレーされなければ、どんなに重要な原理でも消えてしまう可能性がある。

苫野　そうですね。と同時に、本当に優れた原理は、どれだけ時間がかかっても、またちゃんとよみがえってくる、という気もしています。場合によっては、最初のリレーとはまた別の系譜で。

ヘーゲルに話を戻すと、「自由の相互承認」は、私に生き方の指針を与えてくれる原理でもありました。私が「自由」に生きるためには、自らの「自由」、もうちょっといえば、私の生き方や考え方などが、他の人たちにとってもちゃんと承認されうるものになっているか、つねに投げかけ続ける、開き続ける必要がある。その「相互承認」をめがけるプロセスの中でこそ、人は「自由」を得られるのだということを、私はヘーゲル＝竹田から学びました。自分の「自由」をただ主張して戦い続けるのでもなければ、「人類愛」のような恍惚の中にただ没入するのでもなく。相互承認をめがける精神が、「自由」に生きるために大事なことだと気づいたんですね。

人間は「自由」を求める

竹田　優れた哲学者の原理は、その核心をしっかり取り出すとどれもとてもシンプルなものになるんです。私にいわせると、プラトン哲学の第一テーゼは、人間の欲望の本質的対象は善である。ヘーゲル哲学の第一テーゼは、人間の欲望の本質は「自由」への欲望である、です。そしてこの二つは深く結びついている。

なぜか。人間だけが「自己意識」をもち「自我」をもつ。ここから、他者から承認されたいという「自己価値承認」の欲望をもつ。これが人間の「自己欲望」の本質ですね。人間の自由とは、この承認欲望を何らかの形で実現しようとする「可能性」の自由です。これは一方で、条件がよければ人間の善への欲望の根になる。しかしもう一方で、人間社会の矛盾の源泉にもなる。「自由」の欲望のせめぎ合いですね。

ヘーゲルは『精神現象学』で、人間どうしの「主と奴をめぐる戦い」という面白い哲学的寓話をおいている。「自我」をもつ人間だけがどこまでも「自由」たろうとする。そこで見知らぬ人間どうしが出会うと、互いに従属をきらってどこまでも戦い合う。そこで人間の歴史は戦争の歴史になる。

人間の歴史は必然的に戦争の歴史になる、というのは、じつはホッブズがはじめに出した説です。彼の言い方だと、動物の世界では生来の体力が自然の秩序を絶対的に決めてしまう。弱肉強食の絶対ルールで、これは動かせない。しかし人間には智恵があって、数を集めたり、策謀をめぐらせたりできる。そのため「最も弱い者も最も強い者を倒すことができる」というのです（『リヴァイアサン』）。

まさしくこのために、人間世界では「相互不安」が失くならず、人間はどこまでも戦い合う。これが、人間の世界だけが「普遍戦争」の世界になる根本の理由だ、と。また、普遍戦争は覇権の原理で、絶対の支配者を生み出す。そのために人間の歴史は、普遍戦争と絶対支配の連続という悲惨な歴史になる。

ヘーゲルの「主奴論」は、ホッブズのこの普遍戦争の原理を、別の視点からいい直しているわけです。すなわち、普遍戦争がはじまって以来、人間の世界では自由な人間はほとんどいなくなった。大部分の人間が隷属状態で生きていた。どうしてこんなことになったのか。

ヘーゲルの言い方はこうです。「自我」をもつ人間だけが、よりよい自己存在の可能性を求めて「自由」への欲望をもつ。可能性があればどこまでも隷属をきらい、自由を求めて戦おうとする。そして、このことが人間の歴史を戦いの歴史にし（普遍戦争）、またその結果として絶対支配の歴史にしてきた。いい換えると、**人間世界では、万人が自由を求める本性をもつゆえに、誰も自由をもてず万人の隷属という歴史が続いてきた。ここに人間世界の最大の矛盾がある。**

さてしかし、長い悲惨な戦いの末にやがて人間は気づく。この人間世界の最大の矛盾を克服する方法が一つだけある。それが「自由の相互承認」であると（ヘーゲルの言葉では「相互承認」だけだが、竹田がそれを分かりやすくするために「自由の相互承認」といい換えた）。つまり近代とは、人間がはじめてこのことに気づいて、互いの自由が実現される社会を作ろうと試みた画期的な時代だった。

これは、人間社会のさまざまな矛盾の根源をたった一つのキーワードに追いつめて示した、きわめて優れた「原理」だと思います。つまり、自我をもつ人間は、誰もが自由への欲望を本性としてもち、それが人間社会をたえざる自由への欲望競争の世界にしている。
近代社会での、富や名声や権力をもとめる競争も、またさまざまな差別や排除もみなそうです。自由への欲望の競争と闘争が人間社会のさまざまな矛盾の根源であって、「自由の相互承認」はその根本的な克服の原理を示している。その射程は恐ろしく深く広い。

苫野　ここで改めて強調したいのは、この**「自由の相互承認」の原理は、単なる思いつきではなく、誰もがきっと確かめることのできる強靭な原理になっている**ということです。人間は、どうしても「自由」をめがけてせめぎ合ってしまう。そのことを、私たちは自ら確かめることができる。そして、みんなが「自由」に生きられるためには、「自由の相互承認」の原理をルールとして共有するほかにないということも、自らに問うて確かめることができる。この確かめ可能性が、やはり重要です。「自由の相互承認」は、確かめ不可能な「物語」ではないんですね。

哲学の原理は現実を動かす

苫野　もちろん、この「自由の相互承認」の原理も、私たちはちゃんと批判的に検証し続けなければなりません。本当に底の底まで落ちた考えといえるのか、吟味しなければなりません。

でもいまのところ、私たちは相当吟味を重ねた上で、この原理の強靭さを確信しているんですね。ごくたまに、この原理が批判されることもないわけではないんですが、そしてそれはどんどんやらなければならないことなんですが、私が知る限りでは、どれもピントを外したものばかりで、ちょっと残念に思っています。

竹田　われわれは「自由の相互承認」という概念を一つの哲学原理として受け取るけれど、哲学の考え方になじまない人は、そんなのはきれい事で現実はそんな甘くないよ、といった反応をしますね。言葉であれこれいっても結局現実は変わらないよ、とかね。

哲学的にはこれは「現実の論理」、ヘーゲルは「現実の法則」といっています。プラトンは『ゴルギアス』で、カリクレスという登場人物をこの「現実の論理」の強力な代弁者として登場させています。哲学者は人間や社会はこうあればよいという理想や希望を語っているだけだ。そういう理想の言葉はまだ若く純粋な青年を動かすだけで、現実社会の中で実際に生きている人間を動かすことはできない。どんな理想の言葉もあくまで言葉にすぎず、現実を動かす力をもたないことを彼らはよく知っているからだと。

これは苦労して世をわたっている「大人」たちの多くがもっている考えですね。こういう「現実の論理」を体現する人間をいきいきと描いて、自分の思想に対立させているところが、プラトンの優れたところです。

カリクレスの言い分には大きな理がある。どんなリッパな哲学や思想も、それが現実を動かす可能性、つまり「原理」をもたないものなら、それは若者の「ロマン」を刺激するだけで終わる。じっさいそういう思想がたくさんある。しかし、私がいいたいのは、近代哲学は、現実を動かす可能性の原理をじっさいに生み出してきた、そしてそれを実現してきたということです。

いいかえると、**哲学や思想は、現実を動かす可能性の原理でなければ意味がない。**カリクレスがいうように、そういう原理をもたない思想（哲学）はむしろ若者を空想的な人間にしてダメにする。じつにその通りです。

いま端的にいうと、ホッブズ、ルソー、ヘーゲルの社会原理は、二〇〇年くらいかかっているのだけれど、実際に人間の歴史を大きく変えた。つまり、彼らの社会原理（設計図）が、はじめて近代社会というものを作り上げたといえるのです。哲学と近代の歴史を長いスパンで眺めると、そのことがはっきり分かる。要するに、現実に対抗し、現実を動かす原理をもった哲学（思想）と、理想や希望だけでその原理をもたない哲学とがある。哲学を原理の学として理解しない人は、まさしくこの区別をつけることができない。

苫野　私はよく、「自由の相互承認」は「指針原理」であるという言い方をします。この社会をどこに向けて構想していけばよいのかを指し示してくれる道標、灯台なんですね。

これを見失ってしまうと、私たちは、何のために、どこを目指して社会を作っていけばいいのかが分からなくなってしまいます。その意味で、「自由の相互承認」はやわな理想では全くありません。きわめて現実的な道標です。

ホッブズ「普遍戦争」の原理

竹田　近代哲学者たちの哲学のリレーがどう進んだかについて、ここでは、ホッブズ、ルソー、ヘーゲルの三人について大きく見てみましょう。

まず、「戦争の原理」について。ホッブズが示したのは、戦争の根本原因が何か、またどうやって戦争を抑止できるか、についての原理です。

なぜ戦争が起こるか。いかに戦争を抑止するか。この問いにはさまざまな答えが出てきます。人間の欲望が問題だ、とか、武器をなくせ、とか。権力者の支配欲だ、完全平等にすればよい、とか。現代では、「戦争は国家間の利害の対立だから国家をなくせばよい」というのが最もよく言われてきた説です。マルクス主義もポストモダン思想もそう考えてきた。いまでもこの考えは根強いし、私もある時期までそう思っていた。

しかし先に少し触れましたが、ホッブズの考えは以下です。人間はある理由で戦争から逃れられなくなった。これを「万人の万人に対する戦争」（『リヴァイアサン』）と彼は呼びます（「普遍戦争」の原理）。戦争の最も大きな原因は、ホッブズによれば「不信」です。私は少し分かりやすく「相互不安」といっています。

すると戦争抑止の原理はこの相互不安を抑えることですね。そこでホッブズは、強力な統治、つまり強力な国家の成立が戦争を抑止する根本原理だといいます。強力な統治が強力なルールをおくと、人々はそれに服して戦いがやむわけです。

このホッブズの「戦争の原理」に対していろんな批判もあります。しかし、人間の歴史を通覧してみると、ホッブズの原理がほかのどんな考えより説得力がある。いちばんのポイントは、さっきいったけれど、人間世界は、動物のような絶対的な弱肉強食の秩序ではなく、「相互不安」がなくならないために普遍戦争を脱することができない、ということです。そこで人間の歴史を大きく振り返ってみます。

約一万年前に食料革命（農業の開始）が起こって、人間はその日暮らしの生活から脱します。これは人類にとって大きな福音だったはず。しかしむしろ大きな悲惨の始まりになった。食料革命で蓄財が生じ、蓄財をめぐる共同体間の戦争がはじまったからです。以後、共同体は、つねに潜在的な戦争共同体になった。いつ他の共同体から攻められるかもしれないから。この相互不安によって、人間は万人の戦争から抜け出せなくなったわけです。

さっき戦争は国家の利害対立から起こるので国家が戦争の原因だ、という説をいったけれど、ホッブズの原理からいえばこれは逆になる。人間の共同体は、まず家族的な小さな共同体がはじまりです。そしてどこででも、氏族共同体↓部族共同体↓部族連合体とどんどん大きくなっていく。なぜなら、大きいほど戦争に優位で、小さいといつ滅ぼされるか分からないからです。

つまり、蓄財をめぐる戦争がはじまって以来、戦争の脅威による相互不安が、たえず共同体により大きく強くなる動機を与えてきた。シュメールでも、古代中国、インドでもまさしくそういう潜在的な戦争共同体としての小国家群の登場から歴史がはじまっている。また、どこの文化でも古代の国家創成の神話では、戦争とその勝利が大きなテーマです。

もう一つ分かりやすい例があります。中国の春秋戦国時代は、秦、楚、趙、魏といった強国の群雄割拠でせめぎ合っていた。ある国が戦争に負けると、その支配者層は一族郎党皆殺しです。だからどの国も必死で富国強兵策をとった。まさしく相互不安です。

そのあとどうなるか。紀元前二二一年に秦の始皇帝が中国のはじめの中央集権国家、秦帝国をうちたてます。そのことで普遍戦争が終わる。しかし秦はすぐに滅んで、またもとの普遍戦争状態にもどる。そこからまた漢が帝国を作ります。漢が滅びるとまた普遍戦争状態になる。三国時代が普遍戦争の典型で広義では一〇〇年近く続きますが、ここでは戦乱で四〇〇〇万ほどの人間が死にます。戦乱前の人口が六〇〇〇万前後といわれているので、それを考えると恐ろしい数の死者です。

中国はその後、隋、唐、宋、元、明、清と帝国が交代するけれど、その間はつねに普遍戦争になり夥しい死者がでる。つまり、中国の歴史はほぼ三五〇〇年にわたって普遍戦争と大帝国の繰り返しの歴史です。しかしこれは中国だけではない。

インド、中東でもほとんど同じで、帝国（王朝）と普遍戦争の繰り返しが、二十世紀の頭まで続いた。人間の歴史全体が普遍戦争と強力な絶対支配の交替の歴史であって、絶対支配が成立しているときだけ普遍戦争がやんでいる。まさしくホッブズのいう通りです。

さて、重要なのは、ホッブズのこの「戦争の原理」が、近代哲学による近代社会の設計図の出発点になっているということです。この基礎の上につぎの社会原理が導かれている。それがルソーの「社会契約」「一般意志」の原理です。そしてそれはまたヘーゲルの「自由の相互承認」の原理へとリレーされていくんですね。

ルソー「一般意志」の原理

苫野　ルソーの「社会契約」は、まさにお互いを対等に自由な存在として認め合うという約束のことですね。そして「一般意志」は、「**みんなの意志をもち寄って見出し合った、みんなの利益になる合意**」**のみが、われわれの国の法や権力の正当性の根拠であるという**

考えです。

この「一般意志」もまた、やはり「指針原理」です。法や権力はどうあれば「よい」といいうるのか、その道標、灯台になる原理です。

近代民主主義社会は、すべての人が対等に自由であることをルールにした社会です。でも、国家には必ず運営者が必要です。法律を作る人、行政をする人、司法を担当する人。彼らは絶大な権力をもちます。じゃあ、こうした人たちが作り、また従う法はどうあれば「正当」か？ それは、ある一部の人の意志（特殊意志）によって作られるものではなく、みんなの意志をもち寄って見出し合った、みんなの利益になる合意をめざすところにしかない。これが「一般意志」の意味です。

これも、そんなの不可能だとよくいわれるんですが、じゃあそれ以外に法や権力の正当性はどこにあるかと問うても、きっと代案は出せないだろうと思います。もしも「一般意志」の原理を手放したら、権力者や大金持ちたちの特殊意志が好き放題することを許すことになりますからね。だとするなら、私たちは、この社会でどうすれば「一般意志」を見出し合い続けることができるかと考えるほかありません。

竹田 まさしくその通りですが、ホッブズとのつながりをいうと、はじめルソーはホッブズの考えに賛成ではなかった。ルソーは近代の自由の申し子のような哲学者で、統治やルールは大嫌い。自然に帰れ、ですからね（これは人々のルソー評で、彼自身の言葉ではない）。しかし『社会契約論』ではホッブズの統治の必要性の考えを受け入れて、では、統治権力を維持し、かつ人々が自由になるような原理は何か、と考えた。つまり「統治と自由」を両立させる社会原理を考えた。それが「社会契約」と「一般意志」の原理です。

人々が互いに自由を認め合い、対等の権利で契約して人民権力による統治を創り出すこと。これが社会契約。そして創られた統治権力は、人々の対等な意志を表現する仕方で統治を行なうべし。これが一般意志による統治です。

それ以上余計なことを加えると核心点があいまいになるようなシンプルさです。いいかえると、王と暴力を排除してみなが対等な権利でフェアなルールゲームとして社会を運営する。これだけが「統治と自由」を両立させることができる原理だということです。

マルクス主義や現代思想では、国家は人間支配の根源で、国家やその権力を解体することではじめて支配がなくなるという考えが根強くあった。しかし、国家、つまり強力な統治がなくなるとただちに戦争状態が戻ってくる。アラブの春のあと中東のそれまでの統治が弱体化したとき、すぐに内戦状態が現われ、イスラム国（ＩＳＩＳ）のような勢力が出てきた。こういう例は歴史的に、ローマ世界でもイスラム世界でもいたるところにある。統治権力なしにはそもそも社会が存立しない。この認識が近代哲学者にははっきりとあったが、マルクス主義や現代思想にはないんです。

反国家、反権力の考えは、二十世紀の社会批判では、大きなキーワードになっていたけど、哲学的には素朴な誤りです。**人間の支配をなくすには、国家や権力をなくすことではなく、逆に、暴力を制圧する正当な国家や権力をいかに創るか**です。ルソーが見出した原理は、人民権力だけが人々の対等な自由を保証する、ということですからね。反国家、反権力は、いわば「表象の誤謬[注]」（ヘーゲル）なんです。

苫野　「表象の誤謬」。まさにおっしゃる通りですね。底の底まで考え抜くのではなく、何となくのイメージだけでものを考えると、そういうことが起こってしまいます。

ヘーゲル「一般福祉」の原理

竹田　ルソーとヘーゲルのリレーについてもいってみます。

人々の自由を実現するためには、人々が対等の権利で契約して人民権力を創り、これまでの暴力支配を社会から追放するほかない。これが「社会契約」。そして統治権力は、すべての成員に公正になるように人々の「一般意志」を代表して統治しなければならない。

この二つが、現在の民主主義の国家のグランドデザインです。ルソー、ヘーゲルのリレーによるこの近代社会の設計図を、私は「自由な市民社会」と呼んでいます。

ただヘーゲルはルソーの「社会契約」説を批判するんですね。ヘーゲルにいわせると、ルソーの対等な社会契約による人民国家は、人々の自由の実現にとってまだ少し足りない。なぜか。ヘーゲルはルソーから半世紀ほど遅い。近代国家はどんどん進んで、ヘーゲルの時代にはルソーのときにはなかった十九世紀の初期資本主義のひどい矛盾が現われていた。とくにイギリスの初期資本主義の状態です。彼が注目したのは、マルクスと同じでやはり富の格差の拡大です。

近代は人々の自由を解放した。つまり人々を社会の自由な経済競争の対等のプレーヤーにした。ところがこの自由競争は勝者と敗者の大きな差を生み出した。ごく少数の大金持ちと大多数の貧しい者を作り出すのです。貧しい人々は生存ぎりぎりの状態で実質的には「自由」などない。そういう状況をヘーゲルは見た。そこでヘーゲルは、近代国家は、単に契約によって自由を認め合う競争社会になるだけではだめだというわけです。

近代国家は、自由競争が生み出す大きな貧富の差を調整するような役割をも果たさない

注　経済学で「合成の誤謬」という言葉があって、各人が貧しくならないように節約ばかりすると、結果、消費が減って経済成長が衰え、全員余計に貧しくなる。表象の誤謬はこれをもじったもの。

といけない。「自由の相互承認」は、単なる自由な競争の相互承認ではなく、すべての人間が自由を享受できるという相互承認であるから。こうした近代国家の原則と役割を、ヘーゲルは「人倫国家」（ヘーゲルによる近代国家の規定。市民による自由の相互承認、相互配慮がその本質をなす）というやや難しい言葉で呼びました。万人が「福祉」をえられるように配慮する原理を近代国家はもつべしということです。その具体性をヘーゲルは「一般福祉」の概念で示しました。[注]

「一般福祉」の「一般」は、国民は誰であれ、という意味で、「福祉」（Wohl）はよい暮らし（well-being）。つまり誰もがよい暮らしにあずかることができるよう互いに配慮し合う、ということです。

だから「自由な市民社会」の柱をなすのは、「自由の相互承認」（社会契約）、「一般意志」、「一般福祉」、この三つの原理といえます。

苫野　整理するとこうなりますね。**近代民主主義社会の根本原理は「自由の相互承認」である。そこにおける法＝権力の正当性の原理は「一般意志」である。そして「一般意志」をめざし続ける国家は、同時に「一般福祉」、つまり、すべての人の自由、福祉、よき生の実現をめざし続ける国家である。**より正確にいえば、そのような国家でなければ正当性をもち得ない。

ちなみに、さっき「自由の相互承認」の原理がたまに批判されることがあるけれど、どれもピントを外してしまっているという話をしました。それで思い出したんですが、この前、ある論文を読んでいてびっくりしたんです。「自由の相互承認」は、ネオリベに手を貸す思想であると、そんな批判がされていたんです。ネオリベラリズム、新自由主義ですね。

いわゆる新自由主義は、政府はできるだけ市場に介入せず、市場原理に基づく競争によって経済を活性化することを謳います。ただ、自由競争が激化し、政府によるセーフティネットが引き下げられてしまうと、貧富の格差は確実に拡大します。でもそれは、自由ゆえの自己責任である。そういう考えが、一時期日本にも広がりました。いまもかなり続いているかと思います。で、「自由の相互承認」は、そうしたネオリベ的政策や価値観を助長するものであるという批判がされていたんですね。

これには本当にびっくりしました。この十数年、相手をネオリベとレッテル貼りすれば

注　ヘーゲルでは、国家は人々の「福祉」（幸福）に配慮する役割をもつが、これは、個々の人間の福祉ではなく、万人の福祉、つまり「普遍的な規定における福祉」（中公バックス、三三八ページ）の配慮を意味する。竹田はこれを簡潔に「一般福祉」の言葉で呼ぶ。

簡単に批判できてしまう風潮が一部にありますが、とても大きな問題だと思います。それこそ「表象の誤謬」で、あれもネオリベ的、これもネオリベ的といって、何となくのイメージだけでさまざまな言説を批判してしまう風潮がある。

でも、そもそもネオリベ批判をするのであれば、なぜネオリベがダメなのかということを、まずは原理的に突きつめて答えなければならないはずです。そこを考え抜かずに、イメージだけで批判をするのは、そもそも議論の土俵にさえ上がっていないと私は思います。

ではその原理的な根拠は何か？　それこそまさに、「自由の相互承認」「一般意志」「一般福祉」の原理になるわけです。これらの原理に則る限り、近代社会は、すべての市民の自由の実現にこそその存在理由をもつ。一般意志をめざし、一般福祉の実現に向かっていくところにのみ正当性の根拠がある。その意味で、貧困や過度の格差がこれらの原理に反するのは明確です。「自由の相互承認」は、ネオリベに手を貸す思想ではなく、むしろこれを批判する原理的な根拠なんですね。

ちなみに私自身は、ヘーゲルの「一般福祉」の原理を、教育政策など社会政策の正当性の原理として応用的に用いています。たとえば教育の世界では、ちょっと極端な言い方をすれば、義務教育の段階から、限られた予算を能力のある子により投資して、グローバル競争に勝ち抜ける人材を育てようといった議論があります。そんなに優秀じゃない子の教育は、まあそこそこでいいじゃないか、と。まさに新自由主義全盛期になされていた議論です。

でもこういう時、私たちは必ず「一般福祉」の原理に立ち返らないといけないわけです。教育の政策は、ある一部の子どもたちだけの自由に寄与するものであってはならず、すべての子どもの自由の実質化に寄与するものでなければなりません。もちろん、何をもってすべての子どもの自由の実質化に寄与しうるといえるのかということについては、都度議論する必要があります。しかしいずれにせよ、社会政策はつねに、「一般福祉」の原理を自覚的に最上位に置いた上で立案、遂行される必要があるんですね。ルソー、ヘーゲル、竹田のバトンを引き継いで、ささやかながら、政治や教育行政、教育界に、このことを長く訴えてきました。

哲学史における〝思考のリレー〟

苫野　哲学の歴史は、すべてがこのようなリレーです。ここまでは私が竹田先生から受け取ったバトンを中心にお話ししましたが、ここからはより広く哲学史を眺めてみたいと思います。その上で、竹田哲学の哲学史における位置づけについてもお話しできればと思います。

竹田　さきに、哲学は宗教のあとに出てきた世界説明で、その特質は「普遍的な世界説明」という点にあるといいました。現代哲学（ポストモダン思想）は、普遍的な認識というものを否定するので、まずこのことを確認しておくのは大事です。

人間だけが言葉で世界説明をするといいましたが、ここには含意があって、それは言葉は世界を絶対的に正しく「いい当てること」はできないということです。むかしは哲学は「真理」探求の学問だなどといわれたけれど、いまの哲学の常識では、言葉はそもそも「真理」をいい当てることはできない。言葉はいわばただ「世界の絵」を描くことができるだけ。だから「正しい絵」ではなく、「万人がなるほどと納得できる絵」が描けるかどうかなんです。あるいは、世界のよいマップでもいい。正しいマップはなく、いかに誰もが使える便利なマップを描けるか、が問題なんです。

ギリシャ哲学は、タレスの「万物の原理は水だ」からはじまり、プラトンの「イデア」、アリストテレス（前三八四－前三二二）の「四因」（四つの根本原理＝質料因、形相因、動因、目的因）にまで進みました。これをすべてまとめて、ギリシャ哲学が果たした大きな成果は何かと問うなら、私の答えはこうなります。一つは、ギリシャ哲学の「原理」の考えから自然科学の方法が現われたこと。もう一つは、ソクラテス＝プラトンの、「価値の問い」（真善美）こそ哲学の真の主題だ、という発見です。

アリストテレスの「四因」の考えは、ひとことで、それまでのギリシャ哲学者たちが唱えた「世界の原理」の総括です。ギリシャ哲学は二五〇〇年かけて、物質の最小単位、構造、動因、そしてその全体像という現代物理学の基本の枠組みを作り上げたわけです。

哲学と科学はぜんぜん違うというのはよくある誤った通俗説です。科学の方法は哲学の「原理の方法」から出てきた。物語を使わず、概念と原理の方法を展開して誰もが納得できる世界説明の仕方を形成していく。これが哲学の原理の基本方法でしたが、科学の方法もこれをそのまま引き継いでいるんです。

では哲学と科学の違いは何か。哲学で「原理」と呼ばれたものは科学ではまず「仮説」とされます。そして科学者たちは、この仮説を実際に自然に働きかけて検証する。どうやって検証するのか。測定器機、測定技術によってです。哲学の「原理」の方法に測定技術という検証の方法がつけ加わって、自然哲学の「原理」は自然科学の「法則」になる。哲学から科学の方法が生まれていなければ、人類に技術文明というものは存在しなかった。哲学の合理的、原理的方法がその源泉なんですね。

宗教の方法は「物語」だといったけれど、もっといえば、**人間が世界を説明する方法は、大きくは物語の方法か、原理の方法の二つだけといってもよい。**両者がともに世界説明であること、絶対的な世界説明はないこと、それぞれ長所短所があること、このことをよく理解できると、「哲学とは何か」がとてもはっきりします。
「物語」の方法は音楽に似ていて人間の心情に強く訴える力をもっている。だから宗教的な救済の思想として有効なんです。でも文化に固有なので普遍的にはなりにくい。哲学の原理の方法は、数学や科学や論理学の方法の基本ですね。

これに対して、哲学にも弱点がある。つまり哲学は概念と論理を使う。これが、論理をあやつることで白を黒といいくるめるキベン論を生み出すんですね。そしてこのことが相対主義哲学の起源です。相対主義はこれをうまく使って、どんなものも存在しないとか、何ものも確実でないとか主張するわけです。まさしくソフィスト（古代ギリシャの弁論家たち。相対主義的な論理で自分の主張を相手に説き伏せる技術を教えた）がそうしたように、この論法でどんな対立者をも打ち負かす弁論術を鍛えた。

ついでにいうと、インドの仏教哲学にも膨大な理論と歴史がある。ただここでは「原理」の方法はあまり発展しなかった。その理由は、仏教哲学では宗教の要素つまり「物語」が大きな前提になっているからです。インドには、輪廻、業、解脱という基本的な宗教的世界観がある。仏教はこの世界観の上に立ち、仏教哲学はまたその上に立っている。

そもそも仏教哲学の根本動機は人間の救済や解脱であって、世界の正しい認識ではない。たとえば、中観派と唯識派、天台宗と華厳宗のあいだには、時代に対応した独創的なアイデアがあるけれど、より普遍的な考え方へのリレー、というのは存在しない。

苫野　私は個人的には、仏教の思想はわりと好きなんです。特に初期仏教の、諸行無常、諸法無我、涅槃寂静のいわゆる「三法印」は、文字どおり仏教の根本原理ですね。一切のものには実体がない。そのことを悟れば、涅槃に至ることができる。とてもシンプルです。安心立命を得るための考え方として、説得力もある。

ただ、仏教はその後、壮大なある種の形而上学的理説を膨大に積み上げていくんですね。特に、竹田先生がおっしゃった天台宗や華厳宗は、中国で独自に展開したもので、インドの仏教とはかなり様変わりしています。たとえば天台の重要な教理は「一念三千」ですが、ここでいう「三千」とは全世界のことです。要するに、世界と心とは相即しているというのが天台の基本的な世界観です。それに対して、華厳の最も重要な教理は「事事無礙法界」の説。個と全体だけでなく、個と個もまた、すなわち、この現象世界の一切はお互いに含まれ合うと華厳は説きます。私のかつての人類愛もこれに似ていて、個人的にはとても好きな世界観です。というか、私がかつて抱いた人類愛の思想は、これら仏教の思想に無意識的に影響されていたんじゃないかと思っているんですが。

ただこうなってくると、どの説が正しいかというのはほとんど好みの問題になってしまって、決着はつきません。中国仏教には教相判釈というのがあって、さまざまな説の優劣をつけるということがなされてきましたが、諸説乱立というのが実態だろうと思います。ちなみに私は空海（七七四－八三五）が好きなのですが、空海も『十住心論』という書で、自身の真言密教が最も優れていることを論証しています。その壮大な論理展開は、どこかヘーゲルの弁証法にも似ているんですが、残念ながらちょっと恣意的であることは否めません。「これが真理だから、まあ最後はこれを信じなさい」みたいになっている。宗教だから当然といえば当然かもしれませんが、仏教の思想は、やはりどちらかといえば、原理のリレーというより、種々の形而上学的＝宗教的世界像の打ち出し合いという印象です。

もっともヨーロッパでも、そのような形而上学は長く続いたわけですが。

竹田　ヨーロッパでも、中世のキリスト教哲学（神学）では、唯一神、創造神、審判神というキリスト教の大きな「物語」が大前提です。だから哲学はやはり「形而上学」になって、リレーによる普遍性の展開はほとんどない。神の本質とか、神の存在証明とか、なぜ神は世界に悪を許したかという神義論、そういうことが一〇〇〇年近く延々論じられていた。で、十六世紀にデカルト（一五九六－一六五〇）が出てようやく哲学の方法を立て直したんですね。

「コギト」、「われ考えるゆえにわれあり」がデカルトの哲学原理ですが、これは誰でも知っているわりに、その内容はほとんどの人が知らない。こうです。人間の理性はあらゆる存在を疑うことができる。目の前の事物、他人や生き物も、ほんとうに存在しているかよく考えたら証明できない。これは相対主義の一種のキベン論ですね。

で、デカルトはいいます。すべてのものがじつは存在しないかもしれない、とあえて考えよう。でもさらに一歩考えると、そうやってすべてを疑って考えている自分が存在していること、これだけは誰であれ疑えないはずだ、と。

世界中のすべては疑わしい、でも「自分が存在する」だけは、万人にとって疑えない。だから哲学は、任意の「物語」からではなくて、この誰にも疑えない「私は存在する」（われあり）から出発しなければならない。この根本的出発点なしには、哲学は「普遍的な認識方法」にならない。これがデカルトの方法的懐疑です。

こうしてデカルトは哲学の基本方法を、一五〇〇年ぶりに立て直したんですね。なるほどその通りと考えて、その後多くの近代哲学者たちが登場した。だからデカルトは「近代哲学の父」と呼ばれるにふさわしい仕事をしたといえます。

苫野　長く続いた反近代の思潮の中で、デカルトもまた、いままではずいぶんと嫌われています。でも、その功績は動かしようのないものだと私は思います。ただしデカルトも、「普遍的な認識方法」はちゃんと解明し切れなかったんですね。これを最終的に最も原理的な仕方で解明したのはフッサールの現象学である、というのが私たちの考えですが、フッサール現象学についてはもう少しあとでじっくりお話しすることにしましょう。

竹田　よく哲学って何の役に立つのか、という問いに対して、まずどんな自明なことも疑うこととか、答えの出ない問いを考え続けること、とかいう答え方があるけど、これはあの相対主義と形而上学の典型的な答えですね。

われわれが見てきたことからは答えははっきりいえる。**哲学の最大の功績はまず二つ。一つは自然科学の方法を生んだこと。もう一つが近代社会の設計図を描いたことです。**自然科学の方法がなければ人間の技術文明は存在しないし、近代社会の設計図がなければ、人間の自由はまだ実現していなかったかもしれない。そう考えると哲学の果たした役割はきわめて大きいことが分かりますね。

だから哲学の「原理の方法」は、一方でゼウスから火を奪って人間に与えたプロメテウスの役割を果たし、もう一方で、隷属の状態にあった人間に「自由」をも与えたわけです。これは動かしがたい事実です。近代以前にも自由な社会は存在したという議論もあるけれど、ギリシャの民主的なポリスは全く例外的な場合で、またギリシャの民主政治と近代社会の民主主義では形は似ているけれど、原理は大きく違っている。

苫野　よくいわれるように、古代ギリシアのアテナイには、奴隷もいましたし、女性も政治に参加できませんでしたしね。

ちょっと脇道に逸れますが、竹田先生がおっしゃったように、近代以前にも、というより太古の昔から、ある程度自由で平等な社会はたしかに存在しました。いわゆる初期デモクラシーですね。

人類学者のデヴィッド・グレーバー（一九六一－二〇二〇）と考古学者のデヴィッド・ウェングロウ（一九七二－）の『万物の黎明』（光文社）が、近年、人類史の定説をくつがえした本として大きな話題になりました。彼らが何をくつがえしたのかというと、人類は何十万年もの間、自由で平等で、政治的に単純な狩猟採集民として暮らしてきたが、農耕を始めると、人口の増大に伴って複雑なヒエラルキー社会を発展させたとするこれまでの常識です。

彼らの主張でとりわけ重要なのは、人類は定住・農耕後も、必ずしもヒエラルキー社会になったわけではないということです。たとえば、古代メソポタミアには紀元前三五〇〇年ごろに都市が登場しますが、かつてこれは君主政の文明と考えられてきました。ところが近年、メソポタミアは、むしろ比較的民主的な社会であったことが明らかになっているというのです。アッシリア、バビロニア、そしてペルシア帝国の時代にいたるまで、メソポタミアの統治は、民衆評議会や市民合議体をこそ特徴としていたのだと。

同様のことは、インダス文明にも、また、中国の殷王朝の前の時代、いわゆる龍山時代などにおいても当てはまる、と彼らはいいます。他にも無数の事例を挙げて、彼らは、人類が長らくヒエラルキー社会の出現をあの手この手で妨げてきたことを傍証しています。

たしかに、人類はこれまで、初期デモクラシーをなんとか守るための工夫や実験をしてきたのだと思います。でも長い目で見れば、竹田先生がおっしゃるように、結局は普遍戦争と覇権の原理を繰り返すことになったわけです。グレーバーたちが、どれだけバラエティに富んだオルタナティヴの具体例を挙げたところで、このこと自体は動かしがたい。だから重要なことは、どうすればすべての人の自由と平和を実現できるかを考え抜き、その原理を自覚的に提示することです。その点、ホッブズ、ルソー、ヘーゲルの功績は、やはり人類の叡智の結晶というべきだと思います。

ちなみに、グレーバーらによれば、ルソーたちに近代民主主義のインスピレーションを与えたのは、新大陸アメリカの先住民たちだったそうです。啓蒙主義の思想家たちは、まさに初期デモクラシー社会を生きていた彼らから多くを学んだんですね。思考のリレーは、この頃からある意味でグローバル化したのだといえるかもしれません。

普遍的な認識はありうるか

竹田　もとの話に戻ると、近代哲学者がとりくんだ大きな主題がもう一つあって、それが

「認識問題」です。これはひとことで、ほんとうに普遍的な認識、正しい思想というものがありうるか、という問題です。この問題は近代社会にとってとくに重要な問題になるんです。

近代以前のヨーロッパでは、人間と社会についての世界説明は、キリスト教が一手に引き受けていたので、何が正しい世界認識かという問いがそもそも存在しない。しかし近代社会では、青年期になると多くの若者が自分の理性で社会について考え、その矛盾を強く意識し、さまざまな社会思想、世界思想に出会って、強い情熱でそれに引きつけられます。これは近代に固有の現象です。

いま日本では弛んでいるけど、いまでも途上国やイスラム圏では「正しい思想」のために命を賭けようとする人間が多くいる。このとき、必ず、自分の信じる思想がほんとうに「正しい」のかという問題、また、この思想とあの思想とどちらが正しいのかという「信念対立」の問題が現われる。こういう事情が普遍的な認識があるのか、という問題の根にあるものです。

大事なのは、多くの若者は、ほぼ例外なく、自分がたまたまはじめに出会った世界思想に強く引かれて、それをどこまでも信じ続ける傾向があるということです。ほとんどの場合、自分たちの考えこそが正しく相手が間違っている、と思い込む。だから信念対立が必然的になるんです。

だからもし、このはじめの思想の思い込みの体験を検証する方法がないのであれば、思想というものには普遍的な意味はないことになる。近代哲学者は、若いときにみなそういう経験に出会っている。だから彼らにとって、いかにして普遍的な（正しい）認識・思想を見出せるかは大問題だったわけです。

ソフィスト対プラトン・アリストテレス

竹田　認識問題はすでにギリシャ哲学からあるんですが、典型的には、ソフィストと、プラトンやアリストテレスの対立ですね。ソフィストたちは相対主義者（相対主義と懐疑主義はほぼ同じ。以後相対主義で括ることにする）で、正しい認識なんかない、問題はうまく人を説得することだと主張する。普遍的な善や正しさ、正義などはない。前に現実主義者カリクレスの話があったけど、要は、いかに世の中のゲームで成功するかであって、言論はそのツールにすぎない、という考えに通じる。
ソクラテス、プラトンも、アリストテレスもこれに強く反論します。プラトンはソフィストに反論する対話篇をたくさん書いたし（『ゴルギアス』や『ソフィスト』ほか）、アリストテレスはソフィストのキベン論を破るために論理学（言葉を正しく使用するためのルール）を作ったんです。

この相対主義哲学の主張を理解するにはソフィストの一人、ゴルギアス（前四八三頃－前三七五頃）の「三つの証明」をみるととても分かりやすい。彼は、つぎの三つのことを〝論証〟してみせた。

①存在はない、誰も存在を証明できないから。
②仮に存在があるとしても、誰も正しく認識できない。
③仮に認識があるとしても、言語で表現することはできない。

図式化するとこうなります。

「存在≠認識」「認識≠言語」

つまり、存在と認識は一致しないし、認識と言語も一致しない、どこから見ても、「正しい認識」は成立する可能性がないというわけです。私はこれをゴルギアス・テーゼと呼んでいます。

この相対主義、懐疑論は、以後、ずっと哲学につきまとって、普遍的な認識を求める哲学者たちを苦しめます。そして哲学史を通して、普遍認識派と相対主義哲学の長い対立が、ずっと現代哲学まで続いてきました。

現代まで続く対立

竹田　仏教哲学でも中観派のナーガールジュナ（一五〇頃－二五〇頃）がこの立場を代表しますが、ただし、彼の相対主義の動機は大変まじめなものです。初期仏教（部派仏教）の学者たちが「答えの出ない」膨大な世界理論（倶舎論など）を山のように積み上げているのを見て、そういう議論はみな形而上学であって、そもそも仏陀の救済の教えとは何の関係もないし、救済にとって何の役にも立たない、といおうとした。

部派仏教の膨大な世界理論が決してその「正しさ」を証明できないことを、相対論理を巧みに使って証明して見せたわけです。ソフィストのほうは、いわば「何とでもいって相手を論破する」便利な方法として相対論理を使ったのだけど。

興味深いのは、現代哲学では、ポストモダン思想も現代分析哲学も、基本相対主義哲学で、たくさんの哲学者がいるけれど、どの議論も追いつめれば、その核心点はゴルギアスの三つの証明に帰着する、ということです（有名なのは、デリダ、クワイン、ファイヤアーベントなど)。

アリストテレス、プラトン、デカルト、カント、ヘーゲルなど、哲学上のほとんどのビッグネームは、哲学は普遍的認識の営みだという考えなので、なんとかゴルギアスの論証を反駁しようとしてきた。とくにカントとヘーゲルは、かなり強力な相対主義－懐疑主義批判をしている。しかし、決定的にはこれを論破できないんです。

現代哲学では、フレーゲ（一八四八－一九二五）、ラッセル（一八七二－一九七〇）が、やはり普遍的認識の方法を**論理学**によってうちたてようとします。現代論理哲学ですね。ところがこれもやはり、すぐ先にあげたような相対主義者たちが現われて、結局挫折します。

こうして、「普遍認識擁護派」対「相対主義」の対立がギリシャ以来ずっと続いているわけです。ついでにいうと、いまは、ポストモダン思想や相対主義的言語哲学が少し衰えて、ヨーロッパの実在論派（メイヤスー、ガブリエル）やアメリカの科学的実在論派（実証主義）が盛り返しているけれど、これも古い議論が反復されているだけで、その中身は認識問題の解明にはほど遠い。

苫野　この認識問題の解明を、ほぼ完全な形でやってのけたのがフッサール現象学である、というのが私たちの考えですが、まずはそこに至るまでの思考のリレーもおさえておきたいと思います。

カント

竹田　そうですね。できるだけ簡潔に。まずカント。カントの答えを大きくいうと、半分ゴルギアスの主張を認め、半分は認めない、です。人間は、人間の認識装置を通して事物を認識する。つまり、人間の世界認識は、どこまでも人間の認識装置を介したものである。しかし人間の認識装置は、とうてい完全とはいえないので世界それ自体（＝物自体）を正しく（あるがままに）認識することはできない。神の全知があるなら、それだけが世界それ自体（＝物自体）を認識できる、これがカント認識論の結論。

ヘーゲル

竹田　つぎがヘーゲル。これも要点だけ。ヘーゲルの認識論の功績は、カントの認識論に時間の契機を加えた点です。人間は事物をじっとにらんで認識するのではない。時間の経験の中で認識は進化していく。これがヘーゲルの「弁証法」の要諦だけれど、認識の考えを推し進めた画期的な原理です。彼は面白い言い方をしている、人間にとって事物とは「概念の運動」である、と。

何のことかと思うけれどちゃんとした理屈がある。こう考えると分かります。幼児にとってリンゴは、ただ赤くて丸いもの。匂いもするかも。子どもにとっては、赤くて、丸くて、食べられるおいしいもの。大人にとっては、リンゴは、一目みて、その養分、産地、収穫季節、種類、値段などが分かる。つまり、ここでリンゴは多くの概念の束として認識されている。

なぜそうなるか。人は小さいうちから何度もリンゴを経験する。その経験は時間的に蓄積されるが、それが概念の束という仕方で蓄積されてゆく。この蓄積が深いほど、リンゴの「何であるか」が豊かになっていくわけです。なるほどその通りですね。しかし大哲学者のヘーゲルさえ、ゴルギアスの「存在≠認識」の構図を完全に論破することはできなかった。最終的に彼の認識論は、「絶対精神」＝世界という構図になっているからです。

ニーチェ

竹田　つぎに、ニーチェの認識論。これはじつに画期的なもので、それまでの認識論からいえば、革命的です。大きな発想の転換があるからです。ひとことで、それまでの認識論の絶対の前提だった「主観と客観の一致」（存在と認識の一致）はあるか、という問いを、はじめて打ち壊してしまうのです。

こんな感じです。カントは、もし神の全知があれば世界の完全な認識が可能なはず、といった。しかしニーチェでは「神は死んだ」が前提です。するとどうなるか。そもそも

「全知」なるものが存在しない、だから「真理」（絶対的な認識）といったものも存在しない、になるわけです。

さらに驚くべきことをいいます。認識とは、そもそも存在と認識が一致することではない。認識とは、「力への意志」すなわち、生き物の「生の力」が世界のありようを分節することであると。これはちょっと説明が難しい。

でもこう考えてみます。これはユクスキュルという生物学者の説ですが、ある種のダニは、きわめて素朴な「光覚」と「温覚」と「嗅覚」（血のにおい）という三つの感覚しかもっていない。つまりダニの「世界」は人間の世界に比べるとはるかにシンプルな構造しかもたない。といっても、結局、人間は人間の身体性にあわせて世界を認識しており、ダニはダニの身体性（感覚と欲望）にあわせて世界を認識しているわけです。

いろんな生き物が、自分の身体性（生の力）にあわせて世界を認識している。これをいい換えれば、それぞれの生き物が、自分の身体性（および欲望）に応じて世界のありようを「分節」している、となります。これがニーチェの「力相関性」という認識構図です（ただし「力相関性」は竹田の造語）。これによって「主観と客観の一致があるか」という認識論の大前提は破壊され、認識論はまったく新しい局面へ開かれるのです。

奇妙なことに、ニーチェ哲学は現代思想ではなぜか相対主義の後ろ楯のように解釈されている。ニーチェに「遠近法」という考えがあって、これはつまり、いま見たように、世界の認識とは、生き物の「生の力」（＝身体－欲望）が世界のありようをさまざまに「分節」する、ですが、これが、ものごとは観点の取り方によってさまざまに変化する、という意味で解釈されている。これはひどい捏造です。違う観点によって世界はいろいろに見える。というのは、暗に、世界自体は一つ、を前提しているからです。

ともあれ、ニーチェのこの画期的な認識論の転換が、そのあとフッサール現象学による認識論の解明につながっていくんですね。

現象学こそが答えを出す

竹田　現象学の認識論の解明について三十年ほど前に『現象学入門』（ＮＨＫブックス）を書きました。現象学は、「確信成立の条件の解明」という決定的なアイデアで認識問題を完全に解明している、というのがその主旨だったけど、当時はポストモダン思想の相対主義が全盛、現象学批判も全盛という時代。アカデミズムからも完全に無視という状態でした。

私の主張を、まず、思想上の友人笠井潔と、哲学上の盟友、西研がよく理解してくれた。それから批評の友人、加藤典洋ですね。そのあと、もと東京医科大学病院長の行岡哲男教授、そのあとが竹田ゼミ出身のつぎの世代で、とくに苫野くんや岩内章太郎くんなど。

よく覚えているけど、あるとき苫野くんが、「先生、『イデーン』を読んでみたらあまりに面白くて、気がついたら朝まで読み通していました！」といって興奮していた。それを聞いて、こりゃすごい、ほんものだと（笑）。あんな難解な本をはじめて読んで、内容を理解せずに何時間も続けて面白く読めるわけがないからね。

苫野　明け方まで夢中になって読み進め、朝、スズメの声を聞きながら、「なんやこれはぁ、なんやこの本はぁ！」と叫んでのたうち回った哲学書は、後にも先にも、竹田先生の『人間的自由の条件』とフッサールの『イデーン』だけです（笑）。

というわけで、竹田先生、その現象学のエッセンスについて、中高生でも理解できるようにお話しいただけますか？

竹田　中高生に分かるように（！）、はえらく難問だけど、まあやってみます。

私が現象学を説明するときの基本図式はこうです。まず、①「リンゴがそこにあるので（原因）、私に赤くて丸いものが見える（結果）」。しかしこう言うこともできる。②「私に赤くて丸いものが見える（原因）、だから私はそこにリンゴがあるという確信をもつ（結果）」。①はふつうの自然な見方、②が「現象学的還元」と呼ばれる、現象学的な見方です。

①と②は原因と結果が逆だけど、しかしどちらかが間違っているわけではない。どちら

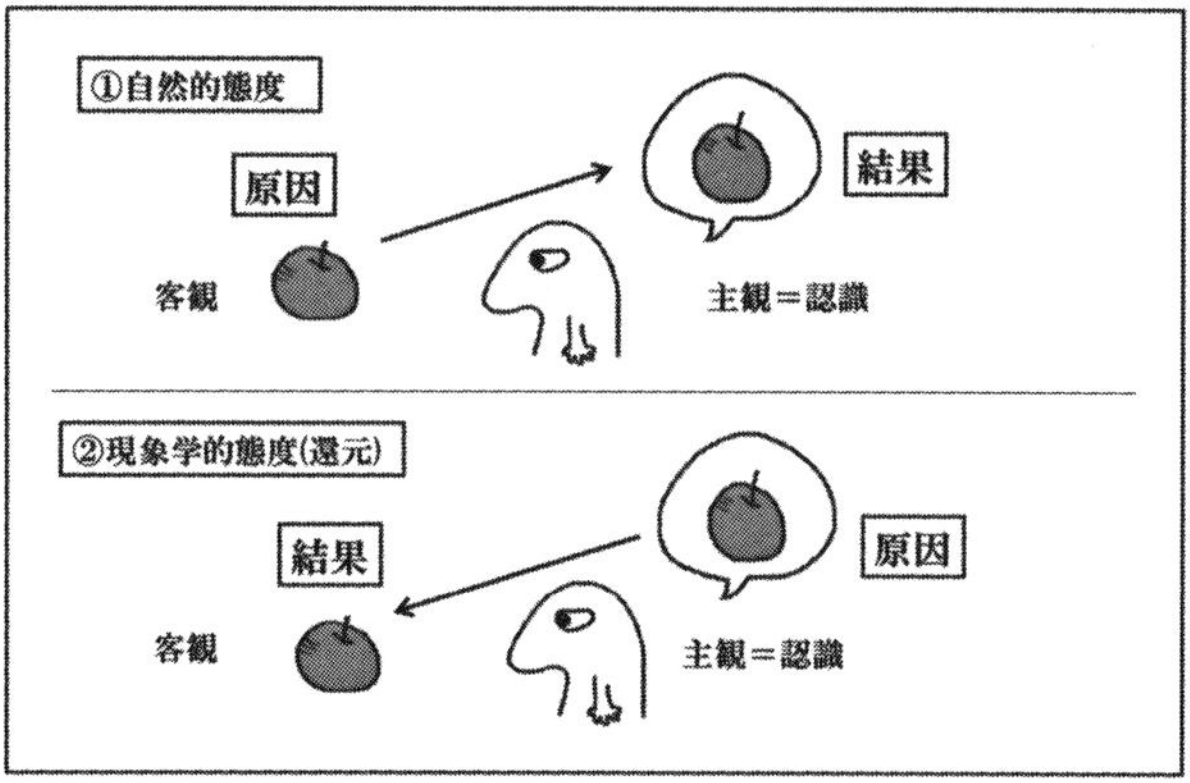

「リンゴがあるから赤い、丸いが見える」から「赤い、丸いが見えるので、リンゴの存在を確信する」への視線変更。

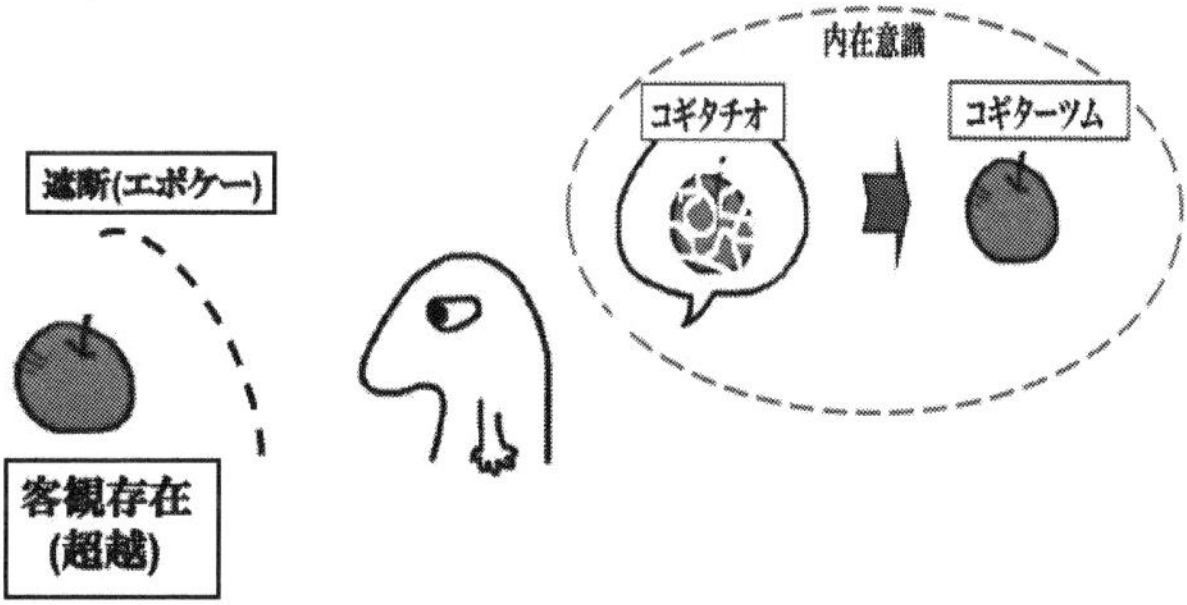

現象学的還元の基本構図
①自然的態度　リンゴの存在を遮断（エポケー）し、主観の風船の中（赤い、丸い）だけを内省して、対象の確信の形成の構造を観取する。これが内在の領域。つまり、コギタチオ（個々の感覚）→コギターツム（対象確信＝リンゴ）という構造になっている。ここで形成された確信をわれわれは客観存在と考えている。
②現象学的態度（還元）　その展開形→主観の風船（経験）から、自分の世界像の構成を確認する。すなわち、コギタチオ（親や教会の教えという経験）からコギターツム（神は存在するという世界像）が構成されている。

も整合的で可能です。フッサールはいいます。認識論の「難問」を解明するには、あえて

②の視線をとる必要があると。なぜこの視線の変更が必要か。この点が理解できるとあとはさほど難しくない。

前に、「事実」の認識と「本質」の認識の話をしました。自然科学の認識は誰にとっても同じといえるので「事実」の認識といえます。しかし人間や社会の認識は、多様な価値観が入ってくる。だから「事実」の認識とはいえず「本質」の認識とされたわけです。

さて、人間や社会の領域の問題を考えるとき、「リンゴがあるから、こう見える」という自然な考えは、じつは不合理なのです。その理由は以下です。

分かりやすい例を出します。かつてヨーロッパ人はみなキリスト教の世界観を信じていた。このとき、「神が世界を創ったから私は神が存在すると考える」という考えは独断論です。「私は生まれたときから親や大人たちに神さまはいると言われ続けてきたので、神が存在すると考える（確信している）」という言い方が正しい。つまり「赤くて丸いものを見るのでリンゴがあると確信する」です。

宗教観や、社会観、世界観といった「本質」の認識の問題では、はじめに「神がいる」とか、「マルクス主義は正しい」とやると終わりで、考え方の対立が生じたとき、それ以上どこへも進めないわけです。

「本質」の認識の領域では、存在を正しく認識する（客観から主観へ）という順序で考えるのは無効で、経験から確信が生じる（主観→客観の確信）という考え方をとる必要がある。これが、認識問題を解くには「一切の認識を確信成立」と考えよ、つまり主観から客観の確信が構成される、と現象学が考えることの理由です（荒井訓との共著『超解読！はじめてのフッサール『イデーン』』講談社現代新書、「序論」に詳しい解説あり）。

苫野　現象学は、「主観－客観」という図式をとらないんですね。むしろ一切を「主観」における確信と考える。だから、これまで「客観」とされてきたものも、原理的には主観的な確信であるということになります。目の前のリンゴも、絶対に客観的な存在であるわけではない。もしかしたら幻覚かもしれないし、夢であるかもしれないからです。でも、たしかに私は、ここにリンゴが存在していると「確信」している。

　リンゴのような知覚物を例に出すと、何でそんなめんどうくさい考え方をするんだと思われるかもしれません。でも、先ほど竹田先生がいわれたように、これが「価値」の領域の話となると、その意義はいっそう際立ってきます。

竹田　もういちどいうと「本質」の領域の問題は、人の価値観が多様なので、必ず考え方の対立が生じる。そしてどちらが正しいかが決して決まらない、という事態が、「客観と主観は一致しないからだ」という考え方になっているわけです。しかし「本質」の領域では、そもそも「絶対に正しい客観」というものは存在しない、さまざまな考え方があるのが原理、と考えないといけないのです。

「社会とは何か」という問いは「よい社会とは何か」という問いを含みます。だから必ず、価値の多様さによってさまざまな考え方（信念、確信）が出てくる。歴史的にいうと、こういう社会こそ正しいという考え方は複数ある。賢人政治（プラトン）、絶対自由（シュティルナー）、絶対平等（マルクス主義）、絶対救済（仏教）、道徳的完成の世界（カント）、等々です。だから「よい社会とは」という問いはたいへん難しい。しかし答えの可能性がないわけではない。最も正しい考え、ではなく、さまざまな考え方の違いがあるが、それでも、誰もがこれならOKといえる、「よい社会」についての共通の合意を取り出せる可能性がある。

これが、現象学による「認識論の解明」です。つまり、**本質領域での認識問題については、全知（真実＝真理）が存在するという発想をきっぱりやめること。**存在と認識の「一致の証明」ではなく、まずなぜさまざまな確信が現われるかの本質構造を捉える必要がある。これは現象学が解明している。すると、これら違った世界観から、一定の共通了解を創り出せる可能性があることが分かる。これを現象学では、間主観的かつ普遍的な共通認識と呼びます。これをうまく取り出せれば、それをわれわれは普遍的認識と呼ぶことができるのです。

いくつか分かりやすい例を出しましょう。社会はルールの束によるゲームなので、最も正しい社会が何かは事前には決していえない。審美観は文化によって多様だが、人間社会には必ず美醜の秩序が存在する。多様な価値観（人間の自由）が許容される社会は、相互承認にもとづく「自由な市民社会」だけである。これらのことは価値観の違いを超えて、誰もが認めざるを得ない社会的認識です。

さて、この簡単な説明で十分に理解できるかどうかは別にして、この認識論の「解明」の射程は、哲学的にも学問一般にとっても大変重要で、人間と社会の領域の認識にとってまさしく革命といえるような意味をもっているのです。

意味や価値の問いを考える方法

苫野　竹田哲学は、しばしば竹田現象学と呼ばれます。それは竹田先生が、フッサール現象学をさらに発展させたからだと私は考えています。
フッサールは、一切は私の「確信」であるという思考の始発点を見定め、そこから、人々の共通の確信——共通了解——を見出し合うというきわめてシンプルな方法を提示しました。このことは、原理的には、事実領域においても本質領域においても同じです。客観的な事実とされるものも、究極的には絶対の事実ではなく、あくまでも私の「確信」です。さっきはリンゴの例でしたが、ほかにも、たとえば物を手放せば落ちるということも、極端な話、私とは全く異なる認識能力をもった宇宙人がいたとしたら、彼らには落ちているようには認識されないかもしれない。デカルトがいったように、私たちは物が落ちている夢を見ているのかもしれないし、催眠術をかけられてそう思い込んでいるのかもしれない。だから、物が落ちているという、一見、客観的事実に思われることさえも、絶対の事実とはいえません。

でも、私には物が落ちているという「確信」はあるわけです。そしてそれは、どうがんばっても疑うことができない。そんなわけで、事実学、すなわち科学の対象もまた、絶対客観的な事実ではありません。科学の対象は、「私には物が落ちているという確信があるが、この確信はほかの人にも確信されているに違いない」という、相互主観的（＝間主観的）な確信としての「現象」です。科学の本質は、この「現象」を、誰もが後追いして確かめられる形で、上手に説明したり予測したり制御したりできるように構造化するところにあるんですね。「客観的真理」を見つけ出すことが科学の本質ではありません。

さて、このフッサールの革新的なアイデアは、事実学、すなわち科学の基礎づけでももちろんあるわけですが、本質学、すなわち意味や価値の本質を考える哲学にとっても、やはり最も根本的な考えになっている。そのことをはっきりさせたのが、フッサール現象学をさらに展開した竹田現象学の功績です。

フッサールは、自身が意味や価値の本質学という無限の研究領野を切り開いたという自覚はありましたが、たとえば「よい社会」や「よい経済」などの探究を実際にすることはありませんでした。だからそのための方法論も、十分には展開していない。それが、竹田先生によって、ついに意味や価値の共通了解可能な本質を見出し合う原理的な方法が整備された。それが竹田現象学であり、欲望論です。まさに、「よい社会」や「よい教育」の本質を考え合うための思考のアートですね。このことが、私は竹田青嗣の哲学史的意義の一つと考えています。

というわけで、ここで竹田欲望論についても、中高生が理解できるくらい嚙み砕いて解説をお願いできますか？

竹田　これもうまくいくかどうかは別にして（笑）、やってみますね。フッサール現象学の最大の功績は、**ヨーロッパの認識論の難問を、一切の認識を「確信」と見なすというアイデアで解明したこと**ですね。またその根本の動機は、哲学の普遍的認識の基礎づけでした。ただ私からいうと、この基礎づけには一つだけ足りない点がある。

自然科学では客観認識が成立するのに、人文科学では客観認識は成立せず、必ず理論の対立が生じる。これは誰でも知っていることです。その根本の理由は、人文科学は「本質」の領域なので、ここには価値観の多様が存在し、必ずさまざまな理論や学説が現われるからでした。だからこの領域で、普遍認識が可能となるには、価値観の多様を前提として、にもかかわらず普遍認識の可能性の条件を追いつめないといけない。そのためにまず「価値」についての哲学的な原理論が不可欠です。意外かも知れないけれど、いままでの哲学には価値の原理論がないのです。

苫野くんはよく理解してくれていますが、ちょうどカントの認識論にヘーゲルが時間の契機をつけ加えたように、私の欲望論哲学は、フッサールの認識論に価値論をつけ加えたものです。人間や社会の領域は、事実の領域ではなく、意味と価値の網の目の世界ですね。だからまず「価値」とは何かについての原理的な問いが必要です。

苫野　はい。

人間は「価値」の世界を生きている

竹田　人間の世界は「事実」の世界ではなく、「価値」の世界であるというのを、少し別の言い方でいってみます。

動物の世界を「環境世界」だとすると、人間の世界はむしろ「関係の世界」です。とくに重要なのは、この「関係」の内実は、「よい－わるい」「きれい－きたない」といった価値の関係です。なぜ人間の世界は「関係の世界」か。それは人間の世界が言語ゲームによって形成されているからです。人間だけが言葉をもち、言葉による諸関係を作っている。どういう関係か。

人間も動物なので、基本は自然に働きかけて有用な財（事物）を生産する。また人間は社会を作って生きるので、作った財を分配したり交換したりして生きる。ところが人間ではこの財の分配や交換でまず大きな問題がある。それが普遍暴力です。強い者が沢山とろうとして必ず闘争が生じる。そこで人間社会の最大の課題は、暴力と闘争を抑制しながら生産と分配の安定した秩序を作り出すことです。人間は、言語ゲームによってこの生産と分配の秩序を作り出してきたのです。

ではこの言語ゲームはどういうゲームか。大きくいうとそれはさまざまなルール（約束）の網の目です。言語だけが人間のあいだにさまざまな「約束」を作り出すことができる。親子も、親戚どうしも、小さな共同体も、その単位はさまざまなルールの網の目がなければ成立しない。

さてつぎに、なぜ人間世界だけに、真善美といった価値の秩序が存在しているのか。価値の秩序は、人間世界が言葉によるルールの網の目をもつことから現われるのです。

たとえば、人間は生まれると誰でも、しばらく母（養育者）との親密関係の中で育てられる。つまり、いきなり母－子の言語ゲームの中に投げ入れられる。はじめは一方的です。しかしすぐに相互的な言語ゲームになります。

ここで言語ゲームは二つの大きな役割をもちます。一つは母－子の間に関係感情の世界を創り上げること（可愛いね、うれしいね、いたいね、こわいね、など）。もう一つはさまざまなルール（約束）の網の目を作り上げることです（触るな、してはいけない、こうしなさい）。この小さなルール形成が人間の価値の秩序の源泉です。母親は、幼児がルールを守ると「いい子」と呼び、破ると「わるい子」というからです。人間にとってははじめの「よい－わるい」は、母－子のあいだのルールの存在から生み出される。この人間的価値の発生の本質論が『欲望論』の第一の主題です。

苫野　一応補足しておくと、ここで「母」というのは、養育者一般のことを象徴的に表現しているだけですね。別にお母さんである必要はありません。「母－子」を「養育者－子」と読み替えてもらってもかまいません。

竹田　いまいったのは、「個人」における価値秩序の発生の本質だけれど、「社会」についても同じことがいえる。人間の社会生活で最も基本的なのは、財の生産、交換、分配です。これが安定して行なわれるためには、やはりルールが必要です。だから共同体の重要な課題は、まず他の共同体からの防衛、そして生産や分配の秩序の安定です。

人間の世界は、こうして、大きくは財の交換と分配をめぐる人間どうしのさまざまなルールゲームの束です。そしてその中心をなすゲームが、政治のゲーム、経済のゲーム、文化のゲームです。

これが人間と社会が関係のゲームであることの基本像です。ここから、この領域の事実認識ではなく、「本質認識」の基準が出てくる。哲学の問いは、これらの関係ゲームが、個々人にとってではなく（価値観はばらばらなので）、万人にとって「よい」といえる関係ゲームであるための条件は何か、という問いになる。これが価値とその関係を問う「本質学」の方法の基礎です。

いまみたように、人間の世界は、根本的にはルールの束でできたゲームの世界です。そもそもゲームには、二つの本質がある。勝ち負けがあること、そして全体としては勝ったり負けたりがあるが、ゲームの参加者の全員がゲームからエロス（享受＝福祉）を得ることです。

つまり、近代以前の社会は、特定の少数者だけが享受し大多数が支配される一方的なゲームだったが、近代社会の設計は、誰もが、政治、経済、文化のゲームに自由に参加し、勝ったり負けたりして全員がそこからエロスをえるゲームに変えることだったわけです。

もう一つだけ。このように人間の世界は本質的に「よい - わるい」「善 - 悪」という価値の秩序の世界です。つまり、動物の目標は「快」だが、人間の生の目標は「よい」です。そしてこの「よい」という目標が、人間世界のさまざまな意味の秩序の源泉です。

現代哲学では、「意味」は言語や記号に含まれる「情報」だと理解されている。しかし「意味」の本質は、「価値」が創り出す指標の連鎖なのです。

たとえば、「よい」大学に入るためには、よい成績をとることに「意味」がある。たくさん勉強することにも意味があり、健康を保つことにも意味がある、等々。人間にとって世界がさまざまな意味の網の目で出来ているのは、人間が「よい - わるい」という価値の秩序を生きているからですね。こういうことも、価値の本質論からしか捉えられません。

苫野 人間は「よい - わるい」という価値の秩序を生きている。ではこの「よい - わるい」を、私たちはいったいどのように判断しているのか?

その基本原理が、前にお話しした「欲望 - 関心相関性」の原理ということになるわけですね。絶対的な「よい - わるい」は存在しない。それはいつも、私たちの欲望や関心に相関的に現われる。たとえばお腹が空いた時、目の前のケーキは、多くの場合「よい」ものとして認識されるだろうと思います。でも私がダイエットをしている時だったら、それは「わるい」ものになるかもしれません。

何を当たり前のことを、と思われるかもしれませんが、このことが重要な意味をもつのは、この原理をベースに考えれば、「よい‐わるい」について、私たちが一定の共通了解を見出し合うことができるようになるという点にあるんですね。ケーキそれ自体は、客観的によいものでもわるいものでもありません。でも痩せたいという欲望からすれば、なるほどたしかに「わるい」ものとして認識されうるね、と、そんなふうに共通了解をえることができるようになるわけです。

ケーキの例だとこの原理のすごさは伝わらないと思いますが（笑）、これが「よい社会」だったらどうでしょう？　先ほど、「よい社会」の根本原理は「自由の相互承認」であるという話をしましたが、じつはこの原理も、私の考えでは「欲望‐関心相関性」の原理によって提示されたものと考えるべきなんです。要するに、もし誰もが「自由」に生きたいという欲望をもっているといえるのであれば、その限りにおいて、この欲望に相関的に、「よい社会」とは「自由の相互承認」の原理に基づく社会であるといえる、と。

ここで大事なのは、この理路を、誰もがちゃんと後追いして確かめられるかどうかという点です。改めてその理路を簡潔にいうとこうです。誰もが自由に生きたいという欲望をもっている。つまり生きたいように生きたいと欲している。そのことを、みんな確かめることができるよね。ならば、その欲望に相関的に、お互いの自由を認め合うことをルールにした社会こそが「よい社会」の本質といえるよね。そのことも、みんな確かめることができるよね。と、こんなふうに、「自由の相互承認」は、一歩一歩、確かめ可能な理路をつむいで提示された原理なんですね。

逆にいうと、この理路のどこかに誤りがあったなら、「自由の相互承認」の原理は全部崩れ去るということです。**哲学は、いわば丸裸になってまな板の上に自分の思考を載せていく営みです。一切の物語性やごまかしや論理の飛躍を廃して、本当にみんなが後追いして確かめられる考えを提示できているか。**そうやって、人々の吟味や検証に開く営みなんですね。

第3章

何を、どこから、どのように考えるか

哲学は何を探究するのか？

苫野　哲学の重要な仕事は、「何を」「どこから」「どのように」考えるかの根本を敷くことにあります。「どこから」「どのように」については、前章までで、その原理的な考え方を、哲学のリレーをたどりながら見てきました。

改めて確認しておきます。とてもシンプルです。どこから？　私の「確信」から。どのように？　それぞれが「私の確信」とその成立条件を問い合い、共通了解を見出し合うことによって。

そこで本章では、とりわけ現代社会において、私たちは何を、どこから、どのように考えるべきかということについて話し合いたいと思います。

哲学のテーマは無限にあります。そもそも私たちは世界をどう見ているのか、つまり認識するとはどういうことか、という認識論に始まり、言語哲学、科学哲学、政治哲学、芸術の哲学、道徳の哲学、経済の哲学、教育の哲学……およそ人間の思考の対象になるものは、何でもすべて哲学の対象になります。でも私は、そのすべてに通底しているのは、つまるところ「人類がともによりよく生きるためにはどうすればよいか？」だと考えています。

竹田　じつにそうですね。私は、哲学のテーブルは「公共のテーブル」だといいます。哲学は何か深遠な真理を見つけ出すゲームではない。哲学を長くやっていると、一体何のためにに物事を問うのかを自分の中できちんと追いつめる必要に迫られてきます。いま、哲学は一種言語のパズルになっている面があって、「何のために」を深く考えなくても、すでに存在している哲学のパズルから何か一つをテーマに選ぶだけで、ずっと哲学者としてやっていける。

たとえば代表的なのは「言語の謎」。いま日本人哲学徒は英米圏へ留学することが多い。するとほとんどが分析哲学を勉強し、その中心主題が言語論ですね。ここでは、言語と認識の一致はあるのかという謎を延々議論している。じつはこれは解けない謎になっているから、形而上学と同じでどこまでも議論し続けることができる。哲学はそもそも何のためにあるのかという問いは、ここでは消えてしまいます。

そもそも何のために哲学があるのかとあえて問うなら、私の答えは大きく二つです。一つは「人間の問い」で「いかによく生きることができるか」。これは、ソクラテスやプラトンがはじめてこれが哲学の根本主題だと主張した問いです。もう一つは、「社会の問い」で、これを追いつめると、いま苫野くんがいった通りで、すべての人間が共存しかつともに楽しく生きられる社会はどんな社会か、になる。つまり倫理の問いと、人間の共存とエロスの問いです。

ついでにいうと、**じつはいま現代哲学が主題にしている認識の問いと言語の問いは、すべて問題が解かれていて、終わっている。**ニーチェやフッサールの功績です。しかしそのことが理解されていないために、延々その哲学パズルが続いているんです。

哲学が公共のテーブルだというのは、いまいった人間と社会の問いについて、智恵を出し合ってよい考えを競い合う言語ゲームのテーブルだ、ということです。岩内章太郎は、ルソーをもじって哲学のテーブルは「善の原始契約」ではじまるといっているが、よい言い方ですね。哲学とは、「人々が、いかによく、かつ楽しく生きることができるか」について、よい智恵を出し合ってそれを鍛えていこうとする人間社会の文化的営みの一つです。

つまり、人々にとって普遍的で役に立つ智恵を創り出したいと考える人々が、集まってともに考え合う言語ゲームです。それは共同体の言語ゲームではない。いかに敵を倒すかや、いかに自分の共同体が栄えるか、という議論でもないし、いかにうまく儲けるかといった特定の目的のための議論でもない。人間一般、社会一般についてのよい考えよい智恵を出し合う、出入り自由の開かれた言語ゲームです。だから公共のテーブルと呼ぶのがいい。

苫野　はい。とても重要なお話だと思います。

竹田　先に触れたけれど、現代哲学の主流は長く相対主義哲学だった。ポストモダン思想と分析哲学。これは、普遍性を求める哲学の「原理の方法」を否定します。プラトンに対立するソフィストの立場です（プラトン批判やソフィスト擁護もしばしばなされる）。相対主義、懐疑主義には、たとえば独断的になった制度やイデオロギーを批判するという重要な役割を果たしてきた面もある。伝統的な形而上学批判、マルクス主義的独断論の批判ですね。

とはいえ、公共のテーブルとしての哲学の場面では相対主義は矛盾の巣窟になる。哲学の議論は、いろんな問題について何が普遍的にいえるか、ですね。彼らはそこで、何も普遍的にはいえない、ということこそ普遍的にいえることだ、と主張する。それだけが相対主義の唯一の哲学的主張です。でもあからさまにはそういえないので、いろんな哲学的パズル（難問）を作って、これが決して解けないことが論理的に証明できる、とやるんです。

たとえば、自己言及の謎、規則のパラドクス、集合論のパラドクスといった、さまざまなパラドクス、またパラドクスの変形である「思考実験」など。そうした面白いパラドクスを作ることが哲学者の仕事のようになっている。面白さがあるので、やみつきになる人もいるが、人間と社会の問題についてはまったく役に立たない。それから、これらのパラドクスは現象学的に考えればすべて解けるもので、考え続けることは無意味です。

ヴィトゲンシュタインは、後期の『哲学的探究』でこのことを指摘して、哲学とは、迷路（言語の難問）にはまって抜け出せなくなったハエに、その脱出の道を教えるためのものだ、と書いている。じつに至言です。

公共のテーブルとしての哲学本来の主題を立て直すことで、はじめて哲学はよみがえる。いまいった二つの問い、人間の問いと、社会の問い、あるいは倫理の問い、エロスの問い、欲望の問い、その確執との克服の問いを、普遍的な仕方で問うこと、それが哲学の目的です。つまり、ここに、「何を」「どこから」「どのように」問うかの基準があると思う。

いま、何を問うべきか

竹田　哲学の中心主題は「人間の問い」と「社会の問い」だといいましたが、まず社会の問いを、核心的な問いにまで追いつめられるかを考えてみます。たとえば、そこには、「よい政治とは」「よい教育とは」「よい福祉とは」「よい医療とは」など、いろんな問いが出てくるわけだけれど、それらをどんどん追いつめて、そのいちばん根本となる問いは何か、と問うてみる。

私の考えは以下です。近代以前の社会でいちばん大事な問いは「いかに秩序を安定させるか」だった。儒教の中心主題です。つまり「修身斉家治国平天下」ですね。ヨーロッパの王権もいろんな仕方でその工夫を考えた。宗教の教義を一つにすること、長子相続の確立、軍隊の整備、王を支える支配層の勢力均衡など。近代社会ではどうか。ふつうにいえば、「よい政治」と「よい経済」を作り出す工夫がいちばん大事な主題です。そこから「よい教育」「よい福祉」などが出てくる。

さて、さらにこれら全部をまとめて、人間社会において、最も大事な中心の問いを取り出すことができるだろうか。私の考えでは、「暴力の縮減」（戦争、闘争の契機を低減すること）がその最後のキーワードになります。

もういちどいうと、動物の世界は弱肉強食の絶対法則の世界ですね。これに対して、人間世界は相互不安のために普遍暴力、普遍戦争の法則が貫徹している。暴力契機が高まると、人間世界に現われるのは、まず戦争、その結果としての絶対支配、そして闘争的な競合、です。

とくに戦争は人間の生活にとって最大の脅威。生命の危険にさらされるというだけでなく、戦争や闘争は、人間生活の目的のすべてを「敵に勝つこと」「自分が生き延びること」に収斂する。

つまり、戦争、闘争、競合という契機が高まるほど、策略、陰謀、裏切り、虚偽、詭計その他あらゆる非人間性が余儀なく現われ、人間生活から倫理や共存的エロスの契機が後退し、真善美という価値の秩序は絵空事になる。十八世紀以後、国家間競争による相互不安が激しい植民地争奪戦を引き起こし、文明人たるヨーロッパ人はこの闘争を勝ち抜くために、あらゆる非人間的な殺戮、支配、収奪を行なった。
いいたいことの要点はこうです。哲学的原理として、人間生活の倫理的、エロス的共存の契機と、普遍暴力、普遍闘争の契機とは根本的に対立関係にある。社会から、暴力の契機、戦争、闘争、競合の契機が縮減されるほど、人間社会の倫理的、エロス的価値が豊かになる、またその逆も真だということです。だから、哲学的には、いかに「よい社会」を作るかという問いの最も中心に、いかに暴力契機を縮減できるかという問いがあるわけです。

しかし、ほとんどの社会思想がこれまで問うてきたのは、理想の社会は何かという問いだった。大昔から、賢人政治、賢王政治、絶対自由の王国、絶対平等、絶対救済、最高善といった社会の理想的理念が存在していた。しかしこれらは本質的に不可能な理想です。その理由は、これらは特定の価値観あるいは特定の不遇感を動機とする「理想理念」なので、必ず信念対立を起こし、それを克服する原理をもっていないからです。強行すると戦いになる。

ここからつぎの結論が出てきます。暴力の契機を減らし、かつ人間の自由を確保するという二つの原則を両立させる唯一の社会原理は、「自由の相互承認」だけであると。これは政治思想や宗教について考えても、すぐに分かります。それぞれの政治思想や宗教が自分の考えを絶対に正しいと考えると、必ず深刻な対立を生み出す。政治の対立も宗教の対立もつねに闘争や戦争の原因になってきた。「自由の相互承認」を原理とする「自由な市民社会」だけが、「法」によってその共存を可能にするわけです。

苫野　この「自由の相互承認」は、つねに現在進行形のプロジェクトであることを自覚しておくことも大事ですね。世界を見渡せば、まだまだその実現にはほど遠い。何といっても、登場してまだ二世紀そこらのアイデアです。一万年以上も続いた戦争と支配の歴史かららすれば、つい昨日のことです。だからこそ、これからも大事に育てていかなければいけません。そのためには、まずはこの原理を改めて自覚し共有することが何より重要です。コンパスがあってはじめて、船を動かしていけるわけです。私たち現代の哲学者にとっては、なぜこれが「よい社会」の原理であるかを論証し続け、検証し続け、そして共有し続けることが、やはり最も重要なことの一つだろうと思います。

竹田　自由の相互承認が完全な形で実現すると、象徴的にいえば国家間の戦争が完全になくなる。暴力の完全縮減。これは人間社会の大きな目標ですね。ずいぶん時間がかかるけれど人類がこの目標を堅持する限り必ず実現すると思います。まさしく社会の問いの核心の課題です。

苫野　いじめや暴行、殺人などの一切の暴力が完全になくなるという意味ではなく、大規模な暴力、すなわち戦争や紛争を、可能な限り縮減していくということですね。そのための条件をしっかり解明していくのも、哲学の重要な役割です。

「よく生きる」とはどういうことか

竹田 それから、「人間の問い」についても考えてみたい。ソクラテス゠プラトンがはじめて、真善美こそ哲学の真の主題だと主張したことはいいました。プラトンでは最上位のイデアは「善のイデア」で、「真のイデア」ではない。つまり人間の問いでは、認識の客観性ではなく、価値観の相違の問題こそ重要です。

近代哲学者はみな、社会の問いだけでなく人間の問いを深く探求しました。ここでは、その代表として、カント、ヘーゲル、ニーチェの三人をあげて、彼らがどういう人間存在の「原理」を示したかを考えてみましょう。

まずカント。カントはプラトンを師として尊敬し、その真善美の哲学を自覚的にリレーします。

彼の主著は『純粋理性批判』『実践理性批判』『判断力批判』。これはそれぞれ、真の本質、善の本質、美の本質の探求を意味しているんです。ここでは善の本質、つまりカントの道徳哲学を説明してみます。

カントは「道徳法則」というものを出しました。定言命法といって命令文になっている。意訳すると「君の主観的な善のルールがつねに普遍的な善のルールに合致するように行為せよ」。このことで、君の行為はつねに道徳的な行為だといえる、というのです。ここでの普遍的な善とは、要するに「誰にとっても善といえるもの」ですね。

これって「当たり前」のことでは？　と思った人は正しい。主観的な善ではなく普遍的な善に従って行為すれば、それはつねに道徳的行為といえる、つまり普遍的に善である、というわけですから。しかしこの著作が出された時代を考えると大きな意義がある。

当時、その少し前まで、ヨーロッパの善の観念は、すべて宗教や神の観念をその源泉としていた。そして、十六世紀以後、ヨーロッパではカトリックとプロテスタントが、互いにその「正しさ」を主張して対立し、ひどい殺し合いをしていた。宗教戦争ですね。で、カントの含意はこうです。もはや宗教の「善」は普遍的なものとはいえない。誰にとっても善といえないからだと。

カントの道徳的善は、誰であれ理性によって何が善かを正しく判断できる、という人間の理性の能力が根拠になっている。つまりカントは「道徳的法則」によって、それまでの宗教的な善の観念を、理性の判断による「善」の普遍性へと転換したのです。このことでカントの善は、近代社会の市民的な「善」の基礎になった。これがカントの道徳哲学の大きな貢献です。

つぎにヘーゲル。彼は認識論のときと同じく、やはりカントの考えを批判しつつこれをリレーして先に進めます。

ヘーゲルは、カントの道徳論を新しい市民的な善への転回として高く評価しますが、やはり一歩足りないといいます。ヘーゲルのキーワードは、「道徳」ではなく「良心」です。ヘーゲルはカントの、人間の理性は必ず何が善かを判断できる、という考えをつぎのように批判します。

この考えは、人々が一定の価値観とルールを暗黙のうちに共有しているとき、つまり共同体の中では可能である。しかし、近代社会は生活様式が多様になり、したがって価値観も必然的に多様になる。つまり何が「善」かは一義的でなくなり、多様な善がせめぎ合う。このことを前提として善の本質を考えなくてはならない。

カントの「善」の観念の底には、すべての人間が道徳的に完成するという世界の「最高善」の理想が暗黙に前提されている。この前提からは何が善かについての全知がありうる。しかし多様な価値観、多様な善が現われる社会では、善についての全知は存在しない。むしろここでは問題は、多様な善の考えから、誰もが合意できる善のあり方を見出せるかどうかである。

カント的な「善の人間」は、理性によって何が善か正しく判断できると考えるので、自分の善は絶対に正しいという独善に陥っている。たとえばマルクス主義の唯一の正しい世界観や原理主義の信念などだ。しかし市民社会に必要なのは、「道徳の人間」ではなく「良心の人間」である。

道徳の人間の倫理的に正しくなくてはならない、という信念の底には、自己を善き人間と承認されたいという無自覚の自己欲望が存在する。そのため、道徳の人間はしばしば「自分こそ正しい」という独善に陥いる。良心の人間は、善についての全知が存在しないことに自覚的である。そこで彼は、自分はこれが正しいと考えるが、それがなぜかの理由を意を尽くして他者に伝えようとする。

ここで重要なのは、良心は、このことで自分の考えの普遍性を人々の評価によって「試そうとする」心意をもつということです。自分の信念を人々の承認によってテストするという意志をもつこと。これが近代人の「良心」のあり方である、そうヘーゲルはいいます。なぜなら、どこまでも人々の承認によって信念を検証するという普遍性への意志に、近代の市民社会の価値多様による信念対立を克服する可能性があるからです。さすがに「自由の相互承認」の哲学者ですね。

さて、ニーチェ。ここでもニーチェは独創的です。彼はヨーロッパの「神の観念」を哲学的に終わらせた哲学者として有名です。しかし彼は「神はいない」ではなく、いつも「神は死んだ」と言うんですね。私の考えでは、その含意は以下です。

科学の驚異的な進歩や進化論の出現その他で、ヨーロッパ人は、歴史上はじめて「超越的な存在者」（神など）をこの世から追放した人間となった。しかしそのことで彼らは、徐々につぎのことに気づくことになる。死後の世界は存在しない。ということは「生には意味がない」ということでないだろうか？　また最後の審判もない、ということは、どんなひどい極悪人も懲罰されず、どんな不幸にあった善人もなんら報われないということか。それでは世界はあまりに不合理だ、と。

それまで教会は人々を支配してはいたが、しかしつねに「生の意味」を人々に配給していた。しかしいまや「生の意味」はどこからも与えられない。自分たちが「神を殺したこと」の結果としての、この恐るべき世界の不合理さが、人々にこの世への絶望をもたらし、生への意欲を大きく奪い去る。こうした「生の意味の剝奪」がヨーロッパ人に深刻なニヒリズムとルサンチマンを与える。これがニーチェのいう「ヨーロッパのニヒリズム」の必然性です。

ニーチェはさらにいいます。人々はこうした「生の意味」の喪失に脅かされて、古い道徳観念やそれを変奏した新しい「超越性」を反動的にでっちあげようとする。しかしこのニヒリズムの克服の唯一の道はニヒリズムを徹底することとしかない。超越的な生の意味が存在しないことをはっきり受け入れ、自分の生の一回性と交換不可能性を是認し、この世の生のうちで自分の「生の意味」を見出すこと。これが、ニーチェのいう既成の一切の価値の顛倒と新しい価値の創造、ということです。

「神の死」にまつわるこうしたニーチェの思想は、超越神をもたなかった日本人にはすぐピンとこないかもしれない。しかし「超越的」な生の意味をますます失ってゆく近代以後の社会において、このニーチェの人間存在についての洞察は、きわめて普遍的な意味をもっていると思います。

苫野　「よく生きるとはどういうことか」をめぐる、壮大な哲学史の大筋を簡潔にまとめていただきました。

　哲学の問いは、突きつめると人間の問いと社会の問いである。本当に、おっしゃる通りだと思います。そして両者は、じつは完全に重なり合っているというべきです。深い人間洞察なくして、原理的な社会構想はできないですからね。

竹田　まさしくそうですね。ヘーゲルの人間哲学の出発点は、「自我」と「死の観念」をもつ人間存在の本質学です。人間は「自我」をもつために本性的に自己価値への欲望と「自由」への欲望をもち、また「死への怖れ」をもつ。ここから、さきに見た「主奴論」、普遍戦争と絶対支配、そして「自由の相互承認」にいたる社会哲学へと進んでゆきます。つまりヘーゲルでは、人間の問いが社会の問いと直接つながっているんですが、こういう構想はヘーゲル以外にはほとんど見られません。

ファクト主義とその問題

苫野　人間の問いと社会の問いを切り離さない。これは改めて本当に大事なことです。この点、私は現代の社会構想のための哲学や学問には、大きな課題があると考えています。

ずいぶん前に、竹田先生と、現代政治哲学の研究を集中的にやったことがありましたね。この時私は、現代の政治哲学の議論に、ヘーゲルのような深い人間洞察がほとんど見られないことに愕然としました。繰り広げられていたのは、何が社会的な正義かをめぐる、いわば理屈ゲーム、論理パズルのような議論でした。だからというべきか、一九七〇年代のジョン・ロールズ（一九二一－二〇〇二）以来、二〇〇〇年代まで空前の盛り上がりを見せていた現代政治哲学の議論は、いまではずいぶん下火になってしまったように思えます。

その代わりに、といってもいいと思いますが、近年、大きな存在感を見せるようになったのが「ファクト主義」です。何を論じるにあたっても、まずはファクトが重要である、エビデンス（科学的根拠）に基づいて議論せよ、という論調です。国や自治体における政策においても、ＥＢＰＭ（Evidence-Based Policy Making：エビデンスに基づく政策立案）は、いま非常に重視されています。前章で竹田先生は、現代哲学は、相対主義のあとに科学万能主義が隆盛を極めはじめているとおっしゃいましたが、ファクト主義はそれと軌を一にするものだと思います。哲学に限らず、あらゆる学問や巷間の議論に、ファクト主義がはびこっています。

誤解のないようにいっておくと、ファクトをベースにした議論はもちろん重要です。ＥＢＰＭもとても重要です。種々の政策が、担当者たちの限られた経験や直感だけをもとに決められてしまってはいけません。でも、今日のＥＢＰＭやそれを支えるファクト主義には、大きく三つの問題があるんです。そのことをちゃんと自覚しておかないと、何を、どこから、どのように考えるかについて、大きな間違いを犯してしまいます。

ファクト主義の問題の一つ目は、そもそもファクトとは何かということが、十分に理解されていないことです。ファクト、ファクト、ファクトというけれど、そもそもファクトとは何か、その本質を言語化せよといわれて、できる人がどれくらいいるでしょうか。

ニーチェは、「まさしく事実なるものはなく、あるのはただ解釈のみ」といいましたが、現象学的にいっても、事実とされるものは、欲望‐関心相関的に抱かれたある確信・信憑です。絶対客観的なファクトというものはありません。観点によって、それはいかようにも切り取り可能なものなんですね。だから、ある任意のファクトから思考を始めるというのは、非常に恣意的なことなんです。逆にいうと、自分が主張したいことに合わせて、都合よくファクトを選択することができるということです。

竹田　私はよく直観補強と直観検証ということをいうんですが、はじめに直観や信念がありそれを補強するために知識を動員するような思考が直観補強（信念補強）で、自分の直観や信念を検証するような思考が直観検証（信念検証）の思考ですね。哲学の思考は、まさしく信念検証の思考です。いかに独断論や表象の思考を避けて、普遍的に考えられるかですね。

実証科学は、いわばデータ、エビデンスをとることのプロですね。ところが「本質」をどう問うかについては方法をもっていない。そもそも「事実」の認識と「本質」の認識という区別についての自覚がないからです。それできわめてよく見られるのは、まず任意の主張や信念が前提としてあり、この信念の普遍性をいかに検証するかではなくて、この直観的な主張や信念を補強する都合のよいツールとして、データやエビデンスを集める技術を利用するということです。これは自分の主張を押し通すために論理を何とでもいえる方法として使った、かつてのソフィストの現代版ですね。

現代の科学哲学の重鎮ポパー（一九〇二－一九九四）が面白いことをいっていて。若い頃、相対性理論、マルクス主義、精神分析の三つの理論が大いにはやったのだけど、よく考えると、自分には、アインシュタイン（一八七九－一九五五）の理論（従来のニュートン物理学の考えを覆して、時間と空間が絶対的なものでないことを証明し、物理学を刷新した）は科学だけれど、ほかの二つは科学というより占星術に近いと思ったと。

すなわち、はじめに大きな仮説があるのだが、その仮説的理論にいったんハマると、すべてのことがこの仮説を強く実証しているように思えてくる。そういう点がこの占星術的理論の特質であると。まさしく私自身の経験がその通りだったので、とても印象に残っています。

学生の頃、マルクス主義に出会って、なるほどこれが世界の真実だったのかと衝撃を受けてしばらくのめりこんだ。そのあと、長く神経症に悩まされたとき、私はフロイトを読んでエディプス・コンプレックス説（フロイト深層心理学の根本仮説。子どもは幼少時、母親、父親との愛情関係のうちで自分の性の体制を作り上げる）にやはり衝撃をうけた。たしかにこのとおりだと。それから数年フロイトにハマりこんだ。しかしそのあと、少しずつ疑問がでてきてフロイトから離れていった。ポストモダン思想も同じでしばらくはかなり熱中した。でも近代哲学をじっくり読むうち、そこからも離れました。

近代社会では、青年が新しい世界観や思想に出会って、これこそ真実だという仕方で強くつかまれるという体験は、世界中普遍的なんですね。いわば二枚目の世界像（一枚目は親から与えられた一般的世界像）です。それはちょうど、いつのまにか自分の中に育てられたロマンによって、思春期に恋愛の情熱の結晶作用が起こるのと同じです。これこそ真実の思想だという結晶作用が生じる。でもそれがほんとうに普遍的かどうかまったく保証がない。

だから哲学や思想の問題でまず大事なのは、自分がたまたま出会った二枚目の世界像をいかに検証できるか、つぎに重要なのは、必ず生じる信念対立をどう克服できるか、ということです。

ラフにいうと、三枚目の世界像が必要なんですね。三枚目の世界像は、それぞれの人間がさまざまな世界像を受け入れ、暗黙の信念としてそれを生きるということ、そしてそれらはみな等価だという自覚ですね。この三枚目の世界像だけが、思想が問題であるときには必ずその普遍性が試されるべきという「良心」のあり方につながるわけです。

ともあれ、そういういくつかの世界観に強くハマった経験とそれに挫折した経験があったために、現象学の思想動機がすぐに私に入ってきました。なにせ、それは確信成立の根拠を問う学、まさしく三枚目の世界像の思想だったからです。

現象学を通過していると、さまざまな思想に対する一つの重要な判断基準ができてくる。

ポイントは、それが信念補強的な思想か、信念検証的な思想つまり普遍性を志向しているような思想か、です。

苫野　ファクト主義の二つ目の問題として挙げたいのは、ここでいわれるファクトやそれに基づくエビデンスが、本当に望ましい政策、もっといえば望ましい社会に資するのかどうか、多くの場合、十分に考え抜かれていないということです。

本来、エビデンスは、「何のために、何を、どのように測定するか」について、徹底的に考え抜いた上で示されなければなりません。しかし多くの場合、特にこの「何のために？」が、十分に考えられていないんです。私自身、これまで国や自治体の政策にいろいろと関わってきましたが、この哲学的な本質への関心の希薄さには強い危機感を覚えてきました。もっともいまでは、「自由の相互承認」という言葉がいくつかの政策文書の中に最上位概念として盛り込まれることも増えてきて、とてもありがたいことだと思っているのですが。

社会政策にせよ、教育政策にせよ、私たちは本来、「よい社会」とは何か、「よい教育」とは何かという、哲学的な本質から考えなければならないはずです。そしてその上で、では何をどのように測定すれば、そのような社会や教育の実現に資するのかと考えなければなりません。そうでなければ、ピントの外れたものを測定し、それが政策を導くエビデンスとして示されることで、かえって事態を悪化させてしまうことにもなりかねません。

私がよく挙げる例に、「頭髪と服装指導を徹底した学校と、そうでない学校では、どちらが学力が高い傾向にあるか」というＥＢＰＭのための研究があるんです。でも本来、私たちはこのようなリサーチクエスチョンを立てる前に、その研究はそもそも「よい教育」に資するのかということを吟味しなければなりません。もし、頭髪と服装指導を徹底した学校の方が、ペーパー学力の結果が短期的に見てほんの少し高かったとして、じゃあすべての学校は、服装・頭髪指導を徹底すべきといえるのだろうか。それは本当に「よい教育」に資するのだろうか。要するに、子どもたちの「自由」の実現と、「自由の相互承認」の感度を育むことに寄与するのだろうか、と。そうした問いが問われることなく、ＥＢＰＭのための研究がどんどん行われていることに、私は強い危機感を抱いています。

竹田　『道徳の系譜』でニーチェは、近代科学はキリスト教の世界像を打ち倒して登場したとされるが、じつはキリスト教のもつ人間的価値の否定の側面を受け継いでしまっている、と言うんです。というのは、近代科学は結局「事実」の探求しかできず、人間の「価値」の問題の探求を投げ捨てている。古い価値は打ち倒したかもしれないが、新しい価値の創造についてはまったく無力なままである。いまや哲学者のなすべき仕事は「価値の哲学」をうち建てることであると。

フッサールも『危機』（『ヨーロッパ諸学の危機と超越論的現象学』）でほとんど同じことを言っています。近代の人文科学は結局「事実学」にとどまることしかできなかった。実証主義の方法は、どこまでいっても人間と社会の原理を問う「本質学」に進むことは決してできない、と。しかし哲学の仕事は人間と世界の意味を問うことであると。この「意味」はニーチェのいう「価値」と同じですね。

苫野　最近、ＥＢＰＭに代わって、Ｐ－ＥＢＰ（Philosophical Principles and Evidence Based Practice/Policy：哲学とエビデンスに基づいた実践／政策）という概念を、竹田先生もよくご存じの研究者、山口裕也さんと提示しました。いま、これを広げるための研究や活動を一緒に続けています（一般社団法人School Transformation Networkingのホームページ参照）。哲学と科学がしっかり手を結んで社会を構想していくことの重要性を、多くの方に少しでも理解していただけたらと考えています。

竹田　「哲学とエビデンス」というのはいいですね。「本質学」って何かをひとことでいえば、まさしく先にいってきた「よい社会」とは、「よい教育」とは、「よい医療」とは、「よい経済」とは、「よい文化」とはという問いを、普遍的な仕方で問う哲学のことですね。社会学の創始とされるデュルケーム（一八五八－一九一七）が、社会学は社会を客観的な事実として捉える方法だと主張したのが象徴的だけど、じつは、社会を認識することは自然事実を客観的に認識することとはぜんぜん違う。いまいったような「本質」の問いを実証的な科学として問うことは不可能ですね。

ただし、人間の問いとはちがって、とくに社会の問いでは、実証的データとエビデンスは当然不可欠です。たとえば経済学や歴史学は正確な事実のデータなしにはまったく成立しない。重要なのは、何が問われるべき核心かという本質の問いが明確に設定されることです。それが定まってはじめて、どのようなデータが把握されるべきかが決まる。

だから社会の問いでは、まさしく本質学としての哲学とエビデンスの学としての実証科学の両輪が必須です。大事なのは、これらの役割をはっきり区別すること、またこれらを対立させてはいけないということです。

事実から「〜すべし」は直接導けない

苫野 ファクト主義の三つ目の問題は、これが往々にして、「事実から当為は直接導けない」という、哲学の初歩的な思考を忘れてしまう点にあります。当為というのは、「〜すべし」ということですね。
「こういう事実がある。したがって、こうすべきである」ということは、じつは論理的に成立しません。社会学の泰斗、マックス・ヴェーバー（一八六四‐一九二〇）も指摘していたように、これは本来、哲学だけでなく社会科学全般にとっての初歩でもあるはずなんですが、ファクト主義の流行によって、いくらか忘れられてしまっているように見えます。「事実から当為（〜すべし）は直接導けない」ことの理由はいくつもありますが、最も重要なポイントだけいくつかいっておきます。一つは、ここでいわれる「事実」、つまりファクトは、さっきもお話ししたように、絶対の事実ではないということ。また、数ある事実とされるものから、なぜある特定の事実がピックアップされるのかということについては、多分に恣意的であることです。前にいった通り、論者が何を主張したいかによって、都合よく何らかのファクトとされるものが利用されてしまいやすいんですね。

　でも、このような論法は、いま多くの論者の基本的な論法になっているように思えます。たとえば、

「気候変動という事実（とそのエビデンス）がある。したがって〜〜すべきである」

「経済格差という事実（とそのエビデンス）がある。したがって〜〜すべきである」

「人間は多様であるという事実（とそのエビデンス）がある。したがって〜〜すべきである」

例を挙げればキリがありませんが、こうした言説は、誰もが日常的に触れているものではないかと思います。でもこの論理は、さっきいったように恣意的になりがちなだけでなく、じつは原理的にも成立しないんです。というのも、ある「事実」とされるものと、そこから導かれる「当為」との間には、じつは論理的な飛躍があるからです。

試しにさっきの〜〜の部分に色々と当てはめてみましょう。自分のいいたいことに合わせて、都合よくなんとでもいえてしまうことがすぐお分かりいただけるかと思います。

「気候変動という事実（とそのエビデンス）がある。したがって、資本主義をやめるべきである／資本主義を加速させてイノベーションを起こすべきである／人類は滅びるべきである……」

「経済格差という事実（とそのエビデンス）がある。したがって、もっと経済成長を目指すべきである／共産主義を目指すべきである／お金をなくすべきである……」

「人間は多様であるという事実（とそのエビデンス）がある。したがって、多様性を尊重すべきである／多様性を統一すべきである／闘争するべきである……」

事実から当為を直接導こうとする論法は、こうやって、導きたい主張に合わせて論理を飛躍させて、いわばいくらでも当為を捏造することができるんですね。〝思考の始発点〟を間違えると、その上に築かれた思考は全部崩れ去ってしまいかねません。近年のファクト主義、エビデンス主義は、その典型的な例ではないかと思っています。

もっとも、このようなファクト主義、エビデンス主義が跋扈してしまった背景には、やはり私たち哲学者に大きな責任があるというべきです。意味や価値の本質の問い方が見失われてしまったら、思考のよすががファクトのほかなくなってしまうのは、当然の成り行きというべきです。

誤解のないようにいっておくと、何らかの当為を導くにあたって、さまざまなファクトが参照されることにはなんの問題もありません。むしろそれらは当然のことです。気をつけるべきは、ある任意のファクトから、なんらかの当為を直接導くことはできない、ということなんですね。では私たちはどうやって当為を示していくことができるのか、ということについては、もう少しあとでお話ししたいと思います。

竹田　「気候変動が人間にとってよくないものであり、このままでは人類が危険である」「格差の拡大は止まらない」。だから「資本主義をやめるべきである」。これは「表象の誤謬」の典型ですね。私もかつてマルクス主義の正しさを信じていたので、格差の拡大すなわち資本主義が悪い、とずっと考えていましたが（苦笑）。

心脳一元論の誤り

苫野　最近は哲学者として紹介されることも多い、歴史学者のユヴァル・ノア・ハラリ（一九七六－）が、ベストセラーになった『ホモ・デウス』（河出書房新社）で「データ至上主義」の議論を紹介しています。

彼によれば、今日の生命科学は、みんな次の〝教義〟に同意しているといいます。すなわち、「生き物はアルゴリズムであり、生命はデータ処理である」と。そこで「データ至上主義者」たちは次のように主張します。人間もまたアルゴリズムであるのなら、より優れたアルゴリズム、端的にはＡＩに、この社会を委ねてしまえばよいではないか、と。

これは典型的な「事実から当為を直接導く論法」ですね。「生き物はアルゴリズムであり、生命はデータ処理である。したがって〜〜」と、事実、より正確にいえば、圧倒的に仮説性の高い「事実」とされるものを根拠に、当為を導こうとしている。

これに対してハラリは、「生き物は本当にアルゴリズムにすぎないのか？　そして、生命は本当にデータ処理にすぎないのか？」という問いを立てていますが、哲学的にはその答えは明らかです。それはそもそも、原理的に回答不可能な問いである、と。近年、生命体はアルゴリズムであるとか、一切は脳であって、したがって私たちに自由意志はないとか、そういった議論がかまびすしいですが、これは、古代や中世における、「一切は神が決定している」という議論の現代版にすぎません。要するに、形而上学なんですね。さらにここから、「自由意志などない。したがって〜〜」といった論法が最近流行りですが、これは事実から当為を直接導く論法に陥っているだけでなく、確かめ不可能な形而上学的議論です。

竹田　「生き物はアルゴリズムである」「生命はデータ処理である」は、いま流行りの心脳一元論（心の現象は脳の物理現象に還元できるという物心一元論の考え）を象徴する言い方ですね。しかし哲学的にいえばこれは単に、「生き物の働きは、アルゴリズムとして記述できる」です。「生命はデータ処理である」は「生命の活動はコンピュータのデータ処理になぞらえることができる」ですね。つまりじつはこれも「比喩」つまり「表象」なんです。

苫野　なるほど。それはとても分かりやすい言い方ですね。

竹田　人間の心的活動の本質とコンピュータのデータ処理の構造の本質がまったく別ものであることは、ふつうに考えるとすぐに分かる。しかし、難しい理屈をあれこれくっつけると「そんなもんかなあ」、になる。いまの物理一元論の論文はみなそんな具合です。

哲学的にこれをいうと、ゴルギアスの「存在≠認識」を「物質存在≠心的存在」と変奏できますね。科学はこれを「物質＝心」、「物質」と「心」は一致すると主張しているわけです。その論証として最新の科学的用語を山と並べる。現代の物心一元論者、ポール・チャーチランドやダニエル・デネットなどがその代表。しかし、哲学者が誰も反駁できなかった、ゴルギアスの「存在と認識は決して一致しない」の論証をまず論破しないといけない。でもかれらは「一致する」をはじめから自明の前提として議論しているので、哲学的にははっきりした独断論です。

苫野　ものすごく雑駁にいうと、私たちの心、つまり欲望や情動といったものも、じつは物理的な現象なんだという主張は、どうがんばっても証明できないということですね。

竹田先生の『欲望論』に、「情動所与」という重要な概念があります。細かいことをおいていうと、重要な点は、私たちは、自分が何らかの欲望や情動をもってしまっているということについては、どうがんばっても疑うことはできない、ということです。たとえば私が不安に襲われている時、そのような気分に浸されていること自体は、どうがんばっても疑えません。

一方で、ではなぜ不安になっているのかと問うても、その絶対的な理由に到達することはできません。もしかしたら、それは明日の仕事のせいかもしれないし、単に内臓の調子が悪いだけなのかもしれないし、遺伝子のせいかもしれないし、何なら催眠術をかけられているからなのかもしれません。私に疑いの余地なく確かめられるのは、私はいま不安を感じているというその「情動所与」までなんですね。

その意味で、私の不安を物理現象に還元することもできません。私が不安になっているのは、たとえば脳内物質のせいである、遺伝子のせいである、という説明も、どこまでも仮説であって、それが絶対の原因かどうかは決して分かりません。私に確かめることができるのは、やっぱり、私が不安を感じているというその「情動所与」までなんですね。繰り返しいってきたように、疑いの余地のない思考の始発点を見定めること。これが哲学の鉄則です。

竹田　一般の人は、哲学の認識論も科学の先端理論もよく分からない。だからそのうち最新科学は心の働きを脳の構造に還元することに成功するかも、とか、さらにいまに科学は、物質を操作して心的存在、人間的知性を創り出せるに違いない、という「表象」をもたされている。でも哲学的にはこれははじめから無理です。

近代のはじめ、デカルト、スピノザ、ライプニッツなどが「普遍数学」という世界観を構想しました。当時の科学の驚くべき進歩を見て、彼らは世界の全体が数学的な法則で貫かれているに違いないと推論したんです。さまざまな法則の大元をなす根本公理を見つけることができれば、世界の動きの一切を厳密に計算し予測できるはず、と。数学者のラプラス（一三五ページに注）が有名ですが、これが「普遍数学」の理念です。いまの物心一元論はこれと同じ考えです。しかし哲学的にはこれはほぼ考え尽くされていて、結論は、原理的に不可能、です。

これを簡潔にいうのは少し難しいが、『欲望論』でも論じたので、要点だけいいます。物理－心理一元論が成立するには、物理的因果性と心の働きの因果性が同じ原理によって統一されればよい。しかし物の因果と心の因果は、そもそも本質が違う。物の因果は物質の動因（生成変化）をもたらす力（エネルギー）の法則としてのみ記述される。心の因果はエロス的力動（心的力動）の動因としてしか記述されない。

心の因果性は物理的エネルギーとちがって、一義性をもたない。それは選択し、判断する原理で、つまり「自由」の連鎖です。物理的力動の因果は確率的であれ一義的因果で、「自由」の連鎖の反対物です。ひとことでいうと、自由の連鎖を必然的因果性として記述することはできない。もし記述可能なら、そのとたんに「自由」は消えてしまう。カントは自由についてのほぼこれと似た議論を、先に出た『純粋理性批判』のアンチノミーという議論で展開しています。

別の言い方もできる。リンゴがほしいので腕を伸ばしてこれをつかむのは物理的な力動。リンゴを見て「食べたい」と強く思うのがエロス的力動です。両者は似ているだけでぜんぜん違う。

ここが重要ですが、エロス的力動の本質は事物を対象化（認識）する力、物理的力は対象化（認識）されたものとしての力です。あるいはこうもいえます。二つの力は、一方は「原因」としての力で、他方が「結果」としての力です。

少しややこしいですが、こう考えてみます。もし世界に生き物がまったく存在しなければ、その世界は、ただ物理法則に従って変化する絶対的な因果系列の全体ですね。ここには、この因果系列に新しい変化を生じさせる「力」（＝動因）はどこにも存在しない。つまり、生き物の心的な力動だけがこの絶対の系列に新しい変化をもたらす力、つまり「自由」を置き入れる唯一の力なのです。だから、一方が「原因」としての力、他方が「結果」としての力で、これを同じ原理とみなしたり、一方を他方に還元することはまったく不可能なのです。

この問題についての哲学的な結論はこうなります。

最新科学のテクノロジーは、それがどれほど高度になっても物理の秩序から「自由」（心）の能力を創り出すことはできない。ただ、機能的目的を特化するなら、人間そっく

注　一七四九－一八二七。数学者ラプラスは、今宇宙に存在する全原子の位置と運動量から、過去と未来にわたる全宇宙の状態を計算、予測することのできる「ラプラスの魔」といわれる存在を想定した。

りに作業したり、計算したり、話したり、推論したり、総括したりするハイテク知性－身体ロボットを作ることは完全に可能。それは、目的と設計しだいで人間生活にとって大いに役に立つものになりうる。だから今後の科学の分野としてきわめて有意義です。社会の構造を大きく変える可能性もあるでしょう。

しかしそれは政治システム、経済システムの大きな変化を意味するが、人間の人間的生活の本質はおそらく同じ。またそれは人間にとっての便利なツールなので悪用することも可能。それがいちばんの問題です。

市民社会では、警察、教育、医療にシビリアンコントロールが必要ですが、ＡＩテクノロジーにもそれが必要です。公共性を害する独占や悪用が可能だから。哲学的には、ここをしっかり考えることがいちばん重要です。

思考の始発点としての「欲望」

苫野　先ほど「情動所与」のお話をしました。私たちは、何らかの欲望、情動をもってしまっている。そのこと自体は、どうがんばっても疑えない。そのことを、竹田先生は「情動所与」と名付けたんでした。

さて、ここからさらに展開すると、私たちは、その欲望、情動に相関的に、何が「よい社会」か、「よい教育」か、ということについての、さまざまな確信や信憑を抱いているということができます。これが「欲望相関性」の原理でした。ならば、お互いの欲望相関的な確信をもち寄って、よい社会やよい教育の共通了解を見出し合おう。何度もいってきたように、これが哲学的な思考や対話の根本的な方法ですね。

ところが、この何十年か、「いやいや、そのようなあなたの欲望自体が、じつは社会によって構築されたものなんだよ」という思想もまた流行しています。心を物理法則に還元しようという思潮とはまた別に、こちらは社会に還元していく思想です。

でもこれも、結局は確かめ不可能なある種の独断論なんですね。私たちの欲望が、絶対に、あるいはどの程度、社会によって構築されているのかということは、究極のところ決して分かりません。だから、「あなたの欲望もじつは社会によって構築されているんだよ」は、哲学的な〝思考の始発点〟としては失格なんです。論理的には、あなたの欲望はじつは脳によって決められているんだよ、もっといえば、神様によって決められているんだよというのと変わりません。

私たちに確かめられるのは、とにもかくにも、私にはこのような欲望や情動がある、ということまでです。だから、その確かめ可能な欲望をもち寄って、どのような社会を欲するかを考え合うほかにない。

竹田　「社会構築主義」（社会のさまざまな伝統や制度を、これらはすべて歴史的に構築されたもので、正当な根拠をもたない、という論拠によって批判する考え）は、ポストモダン思想の相対主義的社会批判の変奏形ですね。相対主義－懐疑主義の元祖は、前にいった存在、認識、言語の不一致を論証したゴルギアスです。相対主義の基本文法は、「いかなるものも、その根拠を厳密に問うてゆけば最後の根拠といえるものは消えてしまう」。つまり「一切のものはその正当性を相対化できる」ですね。

　この論理を社会批判に変形すれば、「どんな既成の制度、ルール、観念も、その正当性をもたない」になる。この論理で、社会のさまざまな現状をすべて、歴史的に、社会的にいわばたまたま構築されたものにすぎないといって批判できる。この方式の社会批判がしばらくの間ずいぶん現われてきました。しかし社会批判としては結局本質的ではない。たとえば、人種差別、女性差別、階層差別について、もともとは人間はみな対等だった、いま差別があるのは社会的にたまたまそう構築されただけで何の正当性もない、というんですね。

　しかし、暴力や差別に本質的対抗できるのは、市民社会の「自由の相互承認」の一般的意志だけです。そこでは暴力、差別は他者の自由（正当な人権）の侵害であり、それは一般意志を代表する法やルールによって規制され、処罰されねばならない、となる。

差別（あるいは支配、暴力）は倫理的によくない、や、もともとはなかったからあってはならないは、一つの要請、あるいは当為の言葉にすぎません。これでは、世の中は結局力の論理で動いているのであって、理屈でそれを動かすことはできない、というカリクレスの「現実の論理」を打ち破ることはとうていできない。

それと、あるゆることの正当性を批判する相対主義の批判は、では何が正当なのかを決していうことができない。自分の主張の正しさを正当化することもできないからですね。

苫野　相対主義は、その自らの論理によって、自己矛盾に陥ってしまうんですね。

竹田　要するに、相対主義による、暴力、支配、差別は正当性をもたない、という批判思想は、哲学的には現実を相対化するだけの、原理をもたない批判です。支配や差別は存在すべきでない、ではなく、いまある支配や差別をなくしてゆく可能性の原理は何か、と問わないといけない。

近代の哲学者たちはそういう可能性の原理を作り出してきたんです。そうでないと、相対主義批判は、さっきの実証主義的な信念補強と同じで、いろんな立場の人間が、ただ自分に都合のよい主張を補強するために、任意に「代理批判」を行なう便利な道具になってしまう。そうなると、さまざまな批判の正当性、普遍性の基準がなくなってしまうのです。

苫野　「代理批判」というのは、分かりやすいうまい言い方ですね。何かを批判しようと思ったら、私たちは任意の立場に立っていかようにも批判することができてしまいます。たとえば極端な話、地球という惑星の立場に立って人類を代理批判して、地球環境のためには人類は滅びなければならないなどという環境ファシズムを正当化する議論もできてしまいます。要するに、自分の思いつきや、場合によってはルサンチマンを動機に、もはや「何とでもいえる」ことになってしまうんですね。

これは相対主義的論法の皮肉な帰結です。もともと相対主義は、これこそが正しいと主張する暴力的な言説を相対化することを大きな動機としていたはずでした。でも、竹田先生がおっしゃったように、相対主義の論理においては、さまざまな批判の正当性や普遍性の基準がなくなってしまいます。となると、最後にものをいうのは力の論理ということになる。相対主義の論理は、どんな言説も原理的に批判することは不可能であるということにいきつき、そのために、力の論理を言説の力で封じ込めることができなくなってしまうんですね。

じゃあどう考えればいいのか。さっきもいったように、私たちの欲望が、絶対に、あるいはどの程度、遺伝的にプログラムされているのかとか、社会によって構築されているのかとかいったことは、究極のところ決して分かりません。私たちに確かめられるのは、とにもかくにも、私にはこのような欲望や情動がある、ということまでです。だから、その確かめ可能な欲望をもち寄って、どのような社会を欲するかを考え合うほかにない。

そうやって、みんなが確かめられる思考の筋道を出すのが、何度もいってきたように哲学の命なんですね。そして欲望は、そのような思考の底板になっている。どのような社会を作るべきなのかという問いは、どのような社会をみんなが欲望するかということを、お互いに確かめ合って考えるしかないものなんです。確かめ不可能な世界像をドーンと打ち立てるのでもなければ、一切を相対化するのでも、また事実とされるものから当為を直接導く仕方で論じるのでもなく。

竹田　その通りで、あらゆる批判思想は、現に存在する人々の苦しみと欲望の場所から出発しなければならない。そして現状を改善する一般意志を作り出すことです。このことが社会批判の正当性のゴールデンルールです。任意の立場、任意の「物語」を根拠にする批判は、正当性をもてないのです。

「イメージ当てはめ型批判」の問題

苫野　もう一つ、私が「イメージ当てはめ型批判」と呼んでいるものについてもお話ししたいと思います。これは竹田先生がさっきおっしゃった「表象（イメージ）の誤謬」と同じものですが、これも、多くの論者がおそらく無自覚のうちによく使ってしまっている議論の仕方です。

「イメージ当てはめ型批判」は、文字通り何らかの〝イメージ〟を根拠に論を推し進める論法です。何となく、社会はこうあるべきだというイメージを思い描く。それから、そのイメージに照らしてみた時に、この社会は間違っているというイメージを描いて現代社会を批判する。極端にいえば、こうやって全部イメージだけで社会批判や社会構想を論じてしまうやり方ですね。

でも、それはどこまでいってもイメージなので、なぜその理想社会のイメージが「よい」といえるのかと問われると、底の底まで答え抜くことができない。なぜいまの社会が間違っているのかと問われると、やはりその根拠を突きつめて論証することができない。「何となくいまの社会は間違っている気がする」「何となくこんな社会がいい気がする」という、そういう議論になってしまう。

たとえば、古くはミシェル・フーコー（一九二六－一九八四）の「規律権力」や「生権力」の理論が、教育学や社会学などにそのイメージをふんだんに提供しました。フーコー自身は、切実な問題意識をもった優れた学者だったと思いますが、八〇～九〇年代にそれを受け取った人たちの多くは、そのイメージを頼りに、とにかくありとあらゆるものを批判した。たとえば、教育は子どもたちに規律を与え、権力に従順になるよう訓練する権力的で暴力的な装置である、といった言説が教育哲学界を席巻し、そのイメージに基づいて、ほらここにも権力がある、あそこにもある、けしからん、と学校教育をひたすら批判しました。

そうした批判には一定の妥当性はあったし、有効でもあったと思います。でもここで問題にしたいのは、そのイメージははたして本当なのかということ、そしてもっと重要なのは、なぜ権力はダメなのかということを、どこまで徹底的に論証できていたのかということです。結局、学校教育は何だか権力的な感じがする、あれも権力、これも権力、それって何かよくない気がする、というイメージ先行で、多くの場合、議論がなされていたんじゃないかと思います。しかもビビッドなイメージって、人に伝染しやすいので、それだけでちょっとした説得力をもってしまうんですよね。「たしかに学校教育は権力的だ、けしからん」と、多くの人に思わせる力があった。

でも哲学者は、イメージで語るのではなく、なぜそのような教育は「よくない」といえるのか、逆にいえば、どうあれば「よい」といえるのかということを、どこまでも原理的に論じる必要がある。そうでないと、ただひたすら、「あれも権力」「これも権力」といって、批判ばかりし続けることになってしまいます。そして実際、教育哲学は、批判ばかりし続けて、では「よい教育」とは一体どのようなもので、どうすればそれを実現していけるのかということを、ほとんど何も語れなくなってしまいました。

「見えない権力」という表象

竹田　はじめに宗教と哲学の話をしたとき、宗教は「物語」で、哲学は「原理」で世界説明をするといいましたが、「表象」の思考は、まさしく、物語や比喩、像を使って世界を説明する方式なんですね。

フーコーの「規律権力」について少し補足すると、その主旨は、近代国家は、国家は一体であるという「幻想」を人々に与えるために、規律的な近代教育を利用した、というものです。もう一つの要点は、近代国家は、暴力装置としての国家という古い形態から、文化全体が人間の主体を無意識に支配に従属させるような新しい支配システムになっている、ですね。つまり、近代国家は、かつての実力支配による国家権力ではなく、文化的な見えない権力による支配のシステムである、という像を描き出しました。

フーコーという人は、たいへん鋭い洞察もあってポストモダン思想家の中では、わりと好きです。その主張も、日常的な実感にはかなり響く面もあり、はじめ読んだときは強く説得されました。

しかし大きく見ると、その主張の根本は、国家は本質的に支配のシステムであり、近代国家は支配階級が王侯貴族から資本家に代わっただけだ、というマルクスの近代国家観をほぼそのまま引き継いでいる。ただ、実力とイデオロギーによる支配ではなく、文化の「見えない権力」による支配である、という新しい像になっている。八〇年代から九〇年代にかけて、この文化的な「見えない権力」による支配構造を暴く、という社会批判の思想書が日本でも山のように書かれました。

しかし、少し長いスパンをとって近代の歴史を冷静に見ると、「事実」はまったく逆です。

近代市民国家は「自由の相互承認」の原則によって、はじめて人々が対等の権利で人民権力を創り、そのことで相互の「自由」を実現する社会だった。それはたしかにすぐ十分には実現しなかった。はじめは、ひどい格差が生じ、おおぜいの貧民が生み出された。近代社会は自由を実現する社会だというのは単なる絵空事だ、といいたくなる気持ちは分かる。しかし近代社会は、徐々に時間をかけて、人々の「自由と福祉」を実現してきた。それが事実です。この事実はフーコーの描いた像とは正反対ですね。先進国の福祉政策の出発はドイツのビスマルクで、その後イギリス・フランスなども続きました。

たとえばフーコーでは、近代の教育は、人々を自発的に支配に従うようにするための規律的訓練です。しかしフランス革命期の思想家コンドルセ（一七四三－一七九四）は、すでに、近代教育は、さまざまな階層の人間に同じ実証的なカリキュラムを与えることで、人々にできるだけ対等な競争の権利を保証するためのものだと書いている。近代教育が全体としてはそのように機能してきたことは、まったく疑えないのです。

　要するに、個々人を自由にするための近代の諸制度は、長い時間をかけて徐々に効力を発揮してきました。そのことは二十世紀における普通選挙法、労働法、福祉法などの進展とその充実度を見ると一目瞭然です。

　なんといっても、近代以前の社会では人々の人権というものはほとんど存在しなかった。近代国家は、経済的な必要からも教育、職業、表現などの自由を人々に与えないわけにいかなかった。十九世紀から二十世紀にかけて、人々の自由の権利と福祉がどれほど大きく拡大されたかは、くわしい史料をみるまでもないことです。

　フーコーは、近代社会の暗黒面を慎重にピックアップし、それを詳細なデータとして示して、近代社会を、人間の自由を選別、排除する、抑圧の歴史として描きましたが、もういちどいうと、事実は完全に逆です。いまでは実証的な批判も多くでている。

「見えない権力」という言い方も、実体としては存在せず、まったくの「表象」あるいは「比喩」です。哲学的に考えれば、現代社会において、権力の実体がどこにあるかははっきりしている。

苫野　はっきりしている、ですか。「見えない権力」というアイデアには、一見リアリティがある気がしますが、どういうことでしょう？

竹田　フーコーの、「見えない権力」が人々を自発的に支配に従わせている、という考えは、検証されない一つの物語、表象です。

権力とは何かについて哲学的に考えるとこうなります。権力とは、社会や組織の秩序のおおもとです。かつての社会では王がいて、貴族（管理階層）がいて、平民がいる。王の命令に管理階層が従い、管理階層の命令に平民が従う。上からの命令に従わせる力、これが権力ですが、専制支配の社会では、権力は実力（武力）によって支えられている。だからここでは、ルソーがいうように、実力がなくなれば権力は消える。

近代社会では、社会を動かすたくさんの組織があり、政府、官公庁、企業、学校、その他いろいろ、それらの組織のすべてが上から下へ向かう任命権や命令系統の三角形を作っている。この三角形の上に位置するほど、大きな権限（権力）をふるうことができる。どんな社会もこのような権限の三角形の組織の集合体です。

ここで命令に従わせる力は、実力ではなく、誰が上位の権限者になるかの「権限を与えるゲーム」であり、この権限のゲームを構成している多くのルールの束です。選挙制度や役人会や総会などの諸ルールがこの権限ゲームの根拠です。社長が役員会で解任されるとそのときから誰も元社長の命令を聞かない。

苫野 なるほど。「見えない権力」というのは単なるイメージであって、近代以前であれ以後であれ、権力の実体がどこにあるかは、本当ははっきりしている。よく分かりました。

どのような権力であれば「正当」か

竹田 こうして、近代社会の権力の構造は権限を与えるゲームによって決まる。ここでは、この権限のゲームの「正当性」の根拠は相互承認や一般意志の原理です。だから近代社会の権力の問題は、支配を創り出す権力の存在が悪い、ではなく、権限ゲームとそのルールの不公正、権力の濫用、権力の不当な独占ということです。それゆえ、この権力の不当性への批判の根拠となるのも、一般意志や相互承認の原理なのです。

苫野 おっしゃる通りですね。現代思想は、すべての権力は悪であるという構えが強いですが、むしろ私たちは、どのような権力であれば正当といえるのかと問わなければなりません。何度も見てきたように、「自由の相互承認」「一般意志」「一般福祉」がその原理ですね。

竹田 前に、宗教は「物語」で哲学は「原理」の方法で世界説明をするが、人間の世界説明の方法は大きくこの二つしかないといいました。思想も同じで、**それが「原理」を示し**

ているか、「物語」になっているかに注意することがとても重要です。

一つ分かりやすい例があって、ロックの政治思想の軸をなすのは、神が人間に自由の権利を与えたという「自然法」の考え、日本では「天賦人権論」ですね。これは当時の王権神授説（神が王に統治権を与えているという、王権国家のイデオロギー）への対抗思想です。

しかし、ロックの神はキリスト教の神であって、するとキリスト教圏以外では人間の自由の権利はないことになる。つまり、ロックの考えはヨーロッパローカルの思想で普遍的とはいえない。普遍的とは、誰にもどこででも妥当する、ですからね。神が人間に自由の権利や所有の権利を与えたという考えは、「物語」です。つまり一つの「表象」（イメージ）です。ロックには、はじめに「人間は自由であるべき」という信念があり、天賦人権論はこの信念から要請されて出てきた「物語」、いわば信念補強型の思想です。

これに対してルソーでは、人間は、もともとは支配も被支配もなく自由だったというだけで、神が自由を与えたという考えはない。ルソーの主張の核心は、もし人々が自由を欲するなら、その可能性の条件、つまり「原理」は、相互に自由を認め合って人民権力を創設する以外にはない、です。近代市民社会の考えはヨーロッパ的考えだ、という人が多くいるけど大きな間違いです。このルソーの考えは、ヨーロッパであれアジアであれ関係なく、どこででも妥当する。だから原理といえるのです。

まとめると、近代国家では、権力の独占と不当な権力が問題なのであって、権力という制度が問題なのではぜんぜんない。ほんとうに権力を取り払ったら強い者勝ちの社会が残るだけです。するとそれは専制権力に帰着する。近代社会においても、もちろん権力の独占や不当な権力が存在する。フーコーは、それを、人々が「見えない権力」によって支配に従属させられている、という「物語＝表象」によって表現しているのです。

しかし、社会の権力の構造をそうした表象として示すと、不当な権力の構造をいかに改変するかについての具体的な課題をまったく把握できない。批判の根拠もはっきりさせられない。だからさまざまな異なった根拠をもつ批判が現われ、人々に、ただこの社会はよくない、というイメージを与えるだけになる。同時に、それは結局、この社会を変えることなどできない、現実と理屈は別だ、というカリクレス的論理を強めることになる。

権力は人間を支配する強制力で諸悪の根源である、という考えは二十世紀のほとんどの良心的知識人の通念だった。そういう流れの中で、一人、ハンナ・アレント（一九〇六－一九七五）という思想家は、権力の本質をはっきり理解していた希な思想家です。彼女の言い方はこうです。「暴力と権力は対立する」（『暴力について』）。むしろ権力（人民権力のこと）の創設が、はじめて暴力を抑止して人間の自由を作り出すと。じつに正しい考えです。

苫野　アレントは、彼女より少し上の世代の哲学者のバートランド・ラッセルと同じく、ルソーの「一般意志」は全体主義の思想であるというめちゃくちゃなことをいっていますが、彼女の政治思想それ自体は優れたものです。

竹田　アレントは、フランス革命が恐怖政治に陥ったことを強く批判するんですね。その根本がルソーの「一般意志」の概念にあると考えたために、ルソーを批判したんです。でもこれは「一般意志」の概念の誤読です。国家権力は一般意志を代表するから「つねに正しい」。このルソーの言い方を字義通りにとってしまった。ルソーがいいたいのは、何度もいいましたが、統治権力は「一般意志」を代表しなければならない。そうでないと正当性を失う、です。

「資本主義批判言説」の問題

苫野　「イメージ当てはめ型批判」は、いまも、たとえば資本主義をめぐる言説などに多く見られます。資本主義は何となくよくない気がする。あの問題もこの問題も、資本主義が諸悪の根源である気がする。だから資本主義なんてやめてしまったほうがいい気がする。ちょっと極端にいえば、そうした議論が、近年、いたるところで繰り広げられています。

　もちろん、そうした言説の多くは、学問的に論じられています。でも、なぜそういえるのかということを最後まで論証し尽くしているかというと、やはり多くはそうではなくて、最後は〝イメージ〟の力で説得力をもたせるような形になっている。

竹田　権力への批判と同じく、資本主義への批判も表象の批判が長く続いてきました。資本主義は差別を拡大する本性をもっていて、これが現代社会のさまざまな矛盾の大きな元凶だというのは確かです。しかし、だから資本主義をなくしたほうがいいというのは早計です。その理由は、さっきもいいましたが、資本主義は「自由な市民社会」の固有の経済システムで、これをなくせば自由な市民社会も存在しえないからです。

苫野　次章では、まさに資本主義の本質を中心に、これからの社会構想について論じ合いたいと思います。

資本主義の問題が、現代社会における最大の問題の一つであることは、誰もが同意することだと思います。何といっても、深刻な格差の拡大という問題があります。現在では、わずか数十人の超富裕層が、世界人口の半分の富を所有しているといわれます。あまりにひどい格差は、世界の擾乱を必ず生み出すことになります。

それからよくいわれるのが、環境問題です。人類の経済活動が、深刻な気候変動をもたらしているという話ですね。ただ、人為的気候変動説についてはその反証もかなりあるともいわれていて、その点については、私たちが専門的に検証することはできません。ただいずれにしても、資本主義が現代社会における最大のトピックであることは間違いありません。

そこで次章では、資本主義の未来をどう描いていけばいいのかについて論じ合いたいと思います。そのためには、まずはやはり、そもそも資本主義とは何かということを明らかにしなければなりません。資本主義の本質をつかまずに、資本主義を批判することはできないですからね。ましてや、資本主義はなんだか悪いものである気がする、という「イメージ当てはめ型批判」をやってはいけません。

そもそも資本主義とは何なのか？　資本主義はどんな問題を抱えていて、これからどう克服していくべきなのか？　次章では、これらの問いについて、これまでお話ししてきた哲学の思考法を応用しながら、大いに議論していくことにしたいと思います。

第4章

現代社会をどう考えるか

資本主義の「本質」を明らかにする

苫野　ここからは、これからの資本主義をどう作り直していくべきかという点を中心に、現代社会、そして近未来の社会のあり方について論じ合っていきたいと思います。

まずは、そもそも資本主義とはいったい何なのか、その哲学的な本質論を竹田先生からお願いできますか？

竹田　ここまで話してきたように、資本主義がもつ矛盾の克服は現代社会にとっての大きな課題ですね。資本主義は格差を拡大する本性をもち、そこからさまざまな矛盾が現われてくるからです。格差、資源、環境、大きくはこの三つが問題です。これらをうまく克服できるか。

そのためにはまず資本主義とは何かについてはっきりつかんでおく必要がある。ふつうは経済学で考えるんだけど、経済学でも意見が完全に分かれているので、**ここでは哲学の観点で、資本主義の本質が何であるかをできるだけ簡潔に説明してみます。**まず、三つのポイントがあります。

第一に、資本主義はそれまでの経済システムとまったく違った、近代社会に固有の経済だということ。

第二に、資本主義は生産力を持続的に拡大していく経済システムだということ。

第三に、その生産力拡大の根本構造を、普遍交換－普遍分業－普遍消費という構図で示せることです。

第一の点をいうと、伝統的な専制社会の経済はひとことで「強制の経済」。王様が人々を働かせて、収穫物のだいたい三分の一を収奪していた。覇権者である王はその国のすべてのものの所有者だから、建前上は、すべてが王様のもので一部を人々に再配分するという仕組みです。

第二。近代社会ではこの仕組みが大きく変わる。資本主義の前身は自由市場経済です。生産された財を商品として共同体、国家間で交換し合うというシステムです。ほかの帝国にも存在したが、とくにヨーロッパでこの自由市場の領域が大きく発展した。そして最後には、自由市場経済が国家の経済をのみ込んで、ヨーロッパの諸国家の全体が自由市場経済の圏域になった。これが、十七世紀以後、ヨーロッパが強くなってほかの文明を制覇した理由です。

第三は、なぜ資本主義の経済は生産力を持続的に拡大するのか。

市場経済は、国家間で財を交易、交換する。自国でとじられた経済より、交換の経済は両方の国に利があり、商人ももうかり、商業都市も栄える。しかし財がただ交換されるだけなら全体の豊かさは同じです。大事なのは、交易が盛んになると「分業」を促進するということです。商人は売るほど儲かるのでできるだけ沢山の財を売りたい。そこで、共同体に働きかけて分業を促す。この分業、つまり生産技術の向上が生産力を高めるのです。

アダム・スミスが『国富論』の冒頭で、イギリスのマニュファクチャー工場で、建設用のピンを十人の分業で作る様子を書いています。一日四八〇〇〇本のピンができる。これを見てスミスはいいます。誰かが一人でピンを作るなら、せいぜい一日一本だろう。つまり、単純計算では生産性四八〇〇倍！　これはすごい。分業だけが貧しい人民を豊かにする希望だ、と。要するに、分業の促進が社会の生産力を大きく拡大するんです。

いまいったことが、自由市場における交換（交易）と分業が相互に促進し合って生産力を拡大するという基本の構造です。しかしこれだけでは自由市場経済は、資本主義にならない。もう一つの要因が必要で、それが「消費」です。

交換と分業の相互作用が生産力を上げて大量の財を生み出しても、それが消費されなければ、生産過剰になって、この相互作用は一定の水準でとまってしまう。交換、分業の連携に「消費」の要素が加わり、この三つの歯車がまわり続けることではじめて生産性を持続的に向上する資本主義のシステムになるのです。これが「普遍交換－普遍分業－普遍消費」という資本主義の基本構造です。

中国、イスラムなどの帝国でも商業はおおいに栄えたが、資本主義にはならなかった。

①専制国家の経済システム

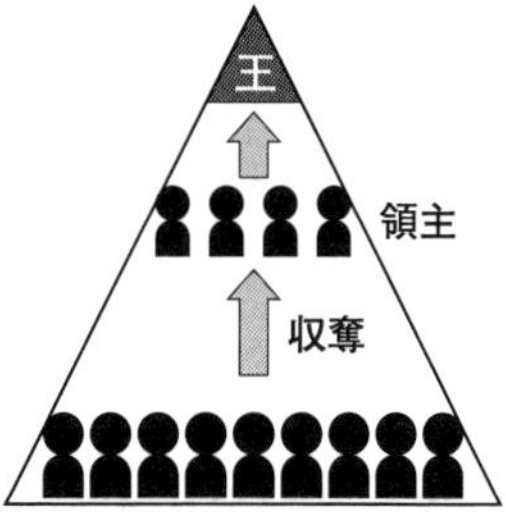

伝統的専制支配では、交換と分業の必要なし。
単純再生産の繰り返しで生産力の拡大なし。

②近代社会の経済システム

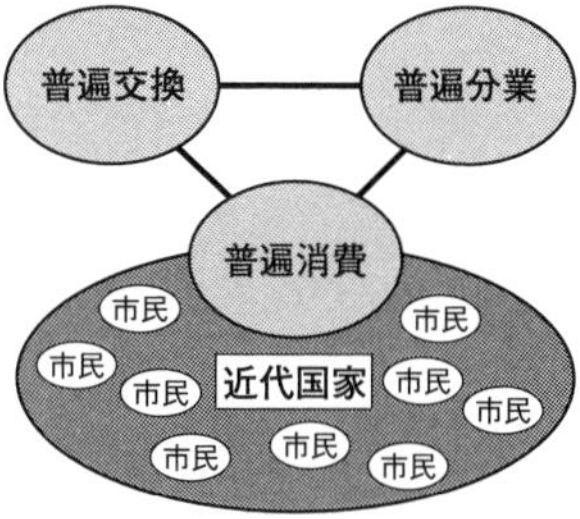

近代社会では、交換と分業の相互促進。
資本主義となり、諸国家はたえず生産力を拡大。

最も大きな理由は、ヨーロッパでは市民国家（近代国家）が現われ、一般市民が「消費」のサイクルに入ってきたことです。

絶対支配の社会では消費するのは王侯と金持ちの商人だけです。ここでは交換と分業の相互促進は一定以上に進まない。近代国家だけが、人々に職業の自由を与え、徐々に一般の人々が消費のサイクルに入ってきて、普遍交換－分業－消費の構造が成立するわけです。ここの「普遍」はいたるところで、という意味で、ヨーロッパではその全域で、交換－分業－消費の網の目が現われたということです。

アダム・スミスの経済学のキーワードは、レッセフェールですね。つまり、できるだけ制限せずに互いに交易するのが、諸国家の富を豊かにする、です。彼はそれを「見えざる手」によってといい、一般には「神の見えざる手」という意味で受けとられているけれど、そうではない。スミスを読むと、彼がこれを、普遍交換と普遍分業の相互作用として理解していたことが分かります。

総括するとこうなります。**資本主義とは、**第一に、**歴史上はじめて現われた、持続的に生産力（成長）を拡大する経済のシステムであること。**ここからもう一つ重要なことが現われます。つまり、資本主義は、やはりはじめて現われた、**国家どうしの共栄の可能性をもつ経済だということ**です。この二つがいちばん大事な点です。

マックス・ヴェーバー説

苫野　ヨーロッパではじめて資本主義が発展したことについて、少しだけ補足したいと思います。その理由を明らかにしたものとして最も有名なのは、マックス・ヴェーバーの『プロテスタンティズムの倫理と資本主義の精神』ですね。プロテスタントの教義が、資本主義の大きなドライバーになったという説です。禁欲的に勤労し、経済的に成功することが、神に選ばれていることの証拠になると考えたプロテスタントたちが、働いて得られた富をさらに投資し、もっと成功しよう、もっと働こうという資本主義の精神を生み出し、結果的に資本主義を発展させたのだと。

実際、プロテスタントの登場以前は、お金が儲かったらすぐ散財するとか、労働時間を減らして遊ぶとか、そういうマインドの方が支配的だったようです。古代ローマの富裕層たちの人生の目標は、〝怠惰〟に生きることだったといわれています。もっと稼ごう、もっと稼がねば、という現代人のメンタリティーは、本当にごく最近になって生まれたものなんですね。そして実際、このメンタリティーの広がりは、プロテスタントの登場と軌を一にしていたようです。

ただ、このヴェーバー説は、今日ではかなり否定されています。たしかに資本主義の発展とプロテスタントの勃興は軌を一にしているのだけど、その理由は必ずしもプロテスタントの教義にあるわけではないんじゃないかといわれています。むしろより重要だったのは、識字率の大幅な向上です。プロテスタントは自分で聖書を読むことを奨励しましたからね。読み書きができる高度な人材が、経済成長を後押ししたというわけです。

もう一つ大事なことは、ヨーロッパは中国などと比べて王権が圧倒的に弱かったという点です。だから、金持ちたちにある程度依存せざるを得なかった。プロテスタントに改宗した王たちはなおさら、カトリック教会という後ろ盾を失ってしまったために、経済エリートたちにますます頼らざるを得なくなる。端的には、経済エリートからなる議会が力をもつようになるんですね。こうしてブルジョワジーが権力をある程度掌握できるようになったことで、彼らが主役の資本主義が発展していったというわけです。

竹田　プロテスタントの禁欲精神がはじめの資本の蓄積に重要だったというヴェーバー説は、資本主義の出発のきっかけとしてはなるほどといえる分析ですが、そのことと、経済システムとしての資本主義の構造の本質とは別の話です。普遍交換-分業-消費の連携という構造が、持続的な経済成長という資本主義のいちばん重要な本質をはっきり示すからです。逆にいうと、経済がこの構造をもつと必ず資本主義になるといってよい。それはヨーロッパのあとアジアで起こった資本主義を見ても明らかです。

もう一つ、はじめに交換と分業の相互促進がある水準以上に進まないと、資本の蓄積が起こらないのだけど、その最大の条件は「ため込み」の精神以上にむしろ「競争」だと私は思います。北イタリアの貿易都市は交易の優位をめぐって激しく競争した。ここではうかうかしていると遅れをとって没落してしまうという相互不安が生じる。競争によって大きな富の蓄積がまずここで生じた。

そのあと、今度はヨーロッパの王国どうしの経済的競争が現われます。これは一元支配の大帝国では現われない。中国の春秋戦国時代の富国強兵策と同じ論理です。十六世紀以後のヨーロッパの植民地収奪戦も、国家どうしの激しい経済競争の結果です。じっさい競争に負けると、スペインのように一時期覇権的だった国さえ没落します。ヨーロッパの二つの大戦の原因は、完全に、相互不安による激しい資本主義競争ですね。

苫野　あの狭いヨーロッパに、多くの国が乱立してお互いに競争した。そのことが、数々の軍事的、産業的イノベーションを、さらに推進させることになったといわれています。

竹田　一般的には、資本主義の決定的要因として産業革命がいわれるけれど、産業革命は「分業」の発展形ですね。分業の発達とは、つまり生産力を上げるテクノロジーの発達です。経済学では労働と資本の増大以外の「技術革新」という要素です。ヨーロッパは諸国家のバランス・オブ・パワーで、たえず戦争している。そのためつねに経済力をあげ、テクノロジーを進化させる動機が強くあった。

つまり、交易のネットワーク、競争、技術革新、そして近代国家の成立、これらの要因がヨーロッパの富を急速に成長させ、資本主義という新しい経済システムを作り上げた。これをひとことでいえば、普遍交換－普遍分業－普遍消費の持続的連携ということになるわけです。

起源論と本質論

苫野　竹田先生は、長らく、資本主義の本質をこの三つの概念、すなわち普遍交換－普遍分業－普遍消費で説明されていますね。いわば資本主義の哲学的な本質観取です。それに対して、さっきのヴェーバー説は「起源論」です。事実学であって本質学ではないともいえます。この違いは重要なので、起源論と本質論のちがいをできるだけ分かりやすく説明してみたいと思います。

たとえば、現代野球の起源は、イギリスで発祥したクリケットやラウンダーズにあるといわれます。遡ろうと思えばもっと遡ることもできるでしょう。でも、そのことと、現代の野球というゲームの「本質」はちょっとちがいます。バットとボールを使うとか、打者がホームベースに戻ると点が入るとか、そうしたルールに則ってみんなが楽しめるゲームであれば、とりあえずそれを野球と呼ぶことができるかと思います。他にも細かなルールはたくさんありますが、とりあえずいまいったルールを押さえておけば、野球にはなる。起源に関係なく、野球の本質は一定、成立するということです。これは別の言い方をすれば、起源がこうだからといって、野球はいつまでもそうあらねばならないわけではないということです。

資本主義も同じです。資本主義の起源に仮にプロテスタンティズムがあったとしても、資本主義を発展させたい国はみんなプロテスタントに改宗する必要があるわけではありません。当たり前ですが。むしろ**大事なことは、資本主義の本質を洞察し、それをどうすれば誰にとっても「よい」ものとしてデザインできるか**、です。すなわち、普遍交換−普遍分業－普遍消費を、どうすればすべての人の「自由」に資する形でデザインできるか、ということですね。

竹田　持続的に社会の生産力を高める資本主義的な経済システムの登場が、まさしく人々の自由と一般福祉を実現するための前提条件になった。だから資本主義と自由な市民社会の原理は切り離せないのです。

苫野　はい。その意味で、資本主義の起源の研究も、重要であることにちがいはありません。ヨーロッパで起こった爆発的な経済成長の起源、その理由が分かれば、現代の他の地域でも、類似の条件を整えれば同じような経済成長、そして自由と一般福祉の実現が可能になるかもしれないですからね。

それで思い出したんですが、ジョセフ・ヘンリック（一九六八－）という人が、最近出した『ＷＥＩＲＤ』（白揚社）という本の中で、なぜヨーロッパで資本主義が勃興したのかについて面白い新説を唱えていました。きわめてヨーロッパに特殊的な学説です。

竹田先生の言葉でいう、普遍交換－普遍分業ができるようになるためには、私たちは見知らぬ人と取引ができるようにならなければなりませんよね。でもそれはとても難しいことです。だから人類は、その歴史の大半において、親族関係を頼りに交易をしていました。中国もインドもその他の文明も、何百年、何千年もの間、基本的には親族ベースの遠距離交易を行なっていました。

ところがヨーロッパでは、中世に、親族ベースを離れた交易が始まることになったんですね。つまり、見知らぬ人とも広範囲な交易ができるようになった。なぜか？　その最大の理由は、キリスト教の西方教会が、それまでのヨーロッパの家族システムを破壊したことにあったとヘンリックはいいます。たとえば、人類史においてはいたるところで見られたイトコ婚はもちろんのこと、むいとこ（七代前の共通の先祖の子孫）との結婚も禁じたり、養子縁組を禁じたり、新婚夫婦に親から独立して世帯をもつことを奨励したり。その背景には、キリスト教会が性的なものを忌避したことがあったり、遺産を相続させずに教会に寄付させる思惑もあったりしたようです。

このことによって、緊密な親族関係がバラバラにされることになりました。これはヨーロッパ以外では、まずなかったことのようです。その結果、ヨーロッパで何が起こったか。人は孤立しては生きていけませんから、都市に集まり、いろんな任意団体を作ることになったんですね。修道院、ギルド、大学など。こうして、親族とは異なる他者とのネットワークを自由に作っていったことで、ヨーロッパ人は見知らぬ人との交易に対する心理的ハードルもどんどん下がっていくようになったのだ、と。ヨーロッパの経済的成功の理由を、カトリック教会による家族システムの破壊にあまりにも結びつけすぎている印象もないわけではないですが、面白い説ではあります。

以上のように、資本主義の起源論としては、教会による家族システムの破壊、王権の弱さ、プロテスタントの普及による識字率の向上など、さまざまな複合的な説があります。あと有名なのは、マルクスのいった「本源的蓄積」ですね。地主が農民たちから農地を没収し、囲い込み、そこで人々を賃金労働者として働かせるようになった。やがてそれは工場となり、その所有者たる資本家と、自らの労働力しか売るもののなくなった搾取される労働者が生まれることになった、と。加えて、植民地からの非人道的な収奪もありました。

ただ、いま挙げたいずれも、やはり起源論であって本質論ではないんですね。資本主義の起源やそのプロセスには、たしかに暴力がありました。それは決して忘れてはならない歴史です。でもそれは、資本主義は本質的に暴力である、ということを必ずしも意味するわけではありません。野球の起源がクリケットだからといって、野球がいつまでもクリケット的でなければならないわけではないのと同じです。起源論と本質論を混同してはいけません。改めて、私たちが問うべき問いは、資本主義の本質、すなわち、普遍交換－普遍分業－普遍消費を、どうすれば暴力と格差を縮減する形で、誰にとってもよりよいものにしていけるかという問いだろうと思います。

竹田　ブローデル（一九〇二－一九八五）の『地中海』などを読んでも、資本主義の展開を独占と暴力による経済の制覇として詳細に描いたけれど、このことは資本主義の展開の本質にとってさほど重要とは思えない。

ヨーロッパの経済は、基本、実力をともなう競争の経済だったので暴力と独占がともなうのは当然です。しかし、そのことは資本主義の本質が暴力だということではない。むしろ逆で、**資本主義の本質は、どこまでも、持続的に生産力を成長させる経済システムだということです。**

国家間の相互承認

苫野　そういえば、一つ竹田先生にお聞きしてみたいことがあったんです。歴史学者のユルゲン・コッカ（一九四一－）が、これまで資本主義について考えた哲学者や歴史家たちがいってきたことをまとめて、資本主義の本質を三つ出しているんです。それと、先生のおっしゃる普遍交換－普遍分業－普遍消費の関係を、どう捉えればよいかという質問です。

資本主義とは何か。まず一つ目としてコッカが挙げるのが、個人の所有権です。これがなければ、権力者などから簡単に富を簒奪されてしまいますから、自由な商業ができません。

二つ目は、分業と貨幣経済を土台とした、さまざまなものの商品化。いまの私たちは、かなりのものを貨幣で購入することができます。

　そして三つ目が、将来の利益を最優先すること。さっきもいったように、資本主義が広がるまでは、人々は多くの場合、禁欲して富を蓄え、それをさらなる富の拡大のために投資に回す、なんてことは考えもしませんでした。収入が増えたら、仕事を減らして遊んで暮らすなり、散財するなりした。でも、今日の資本主義においては、将来の利益を最優先するので、多くの人や企業は、未来の富の拡大に向けて投資しようとします。

　資本主義とは何かということについては、ほかにもたくさんのことがいわれています。もう一つ重要なのを挙げると、中野剛志さんが長らく強調されていることですが、二十世紀の経済学者シュンペーター（一八八三－一九五〇）が資本主義の重要な要素として指摘した、銀行による「貨幣創造」（信用創造）ですね。銀行は、借り手の口座に入金記帳することで、つまり、いわば数字を書き込むだけで、貨幣を生み出すことができる。借り手は、それを元手に、つまり資本にして、大規模な事業を行うことができる。自己資金や、他人から資金を集めて事業を行うのには限界があります。銀行が貨幣創造をしなければ、資本主義は不可能だというわけです。

　それで質問なんですが、先ほどのコッカの整理やシュンペーターの説と、竹田先生のいわれる普遍交換－普遍分業－普遍消費との違いを、私たちはどう理解すればいいでしょうか。コッカの整理は、いわば資本主義の〝特徴〟であって、哲学的な〝本質〟とはいえないと考えるべきなんでしょうか。

竹田　そうだと思います。コッカの三要素は、所有権、商品化、蓄積ということですね。興味深いですが、たしかにこれらは資本主義の成立の前提条件ですね。ただ、普遍交換－分業－消費の構造は資本主義経済の構造の本質で、そのポイントは、なぜ資本主義が持続的に成長する経済か、なぜ共存の可能性をもつ経済システムかをよく説明するという点です。

　コッカがいうように、商人や生産者が所有権を確保しなければ交換と分業の連携は生じない。交換と分業の連携は他の文明でも成立した。しかしすべての人間が所有権をもち経済競争のネットワークに入るには、やはり市民国家の成立、つまり普遍消費の契機が絶対条件です。このことで市場経済は持続的に生産を拡大し、一般の人々の福祉を可能にする資本主義になった。イスラム帝国も商業はとても盛んだったし、中国でも宋などは商業立国を目ざして大いに栄えたけれど、普遍消費はないために資本主義にはならなかった。

苫野　なるほど。普遍交換－普遍分業－普遍消費は資本主義の構造的本質、それに対して個人の所有権や銀行の「貨幣創造」などは、この資本主義の構造を成立させるための本質的条件、と整理するとよいですね。

竹田　アダム・スミスの自由放任（レッセフェール）説が重要なのは、資本主義経済は普遍交換と普遍分業の相互促進の経済、つまり普遍交換によって諸国家の富がともに拡大していく経済システムだということを、はじめて自覚的に捉えた点です。さきにもいったけど、彼が市場原理主義の張本人だとかいうのは、本質を見ない単なる批判のための批判です。

苫野　しかもアダム・スミスは、よくいわれるような単純なレッセフェールの主唱者ではありませんでした。なんでもかんでも「市場に任せよ」ではなくて、たとえば法によってすべての個人の権利を守ったり、インフラを整備したりすることは明確に政府の仕事だといっています。まだ義務教育の発想にまではいたっていませんが、学校教育も政府の仕事だと考えていました。まさに、市民国家によってこそ、諸国民の富、すなわち普遍消費は実現されると考えたわけですね。さっき整理した言い方でいえば、政府ありきの自由市場が、資本主義の構造的本質を成立させるための一つの本質的条件である、となる。

竹田　それまでの経済システムは、覇権者（王や皇帝）による専制収奪の経済ですね。この経済では農業技術のゆるやかな進歩以外には大きな成長の要素はなく、国家間の共存の可能性もない。ある国家や帝国が強大になれば、それは直接、別の国家の脅威になる。帝国の富の拡大は、何といっても戦争による領土の拡大が一番大きな要素ですから。

帝国は、完全に大きくなるまでは基本、戦争国家ですね。イスラム国家やモンゴルなどがその典型です。つねに戦って勝ち続けないかぎり、より強い国家や帝国にのみ込まれる可能性がある。ところが、直接収奪ではなく、相互交易が経済の大きな要素になるにしたがって、互いを必要とするので戦争は抑止され、国家間の相互不安は抑制される。

資本主義の拡大は、要するに、それまでの国家ごとの生産と分配をグローバルに広げるという意味をもちます。つまり、徐々に、世界全体で生産と分業を行なって、諸国家でその成果を分け合う、という方向に進む。時間がかかるけど、基本、経済成長を均等に分け合うという方向性をもつわけです。ただし、国家間の相互承認がうまく進まず、相互不安が大きくなると諸国家の敵対関係をはげしくする可能性をもっているということです。

十九世紀は、近代国家間の激烈な資本主義闘争の時代になり、それが世界大の戦争にまでなった。だからマルクス主義よりの理論家は資本主義は戦争や独占を不可避にするシステムだと主張した（レーニン、ヒルファディング、スウィージー、宇野弘蔵、ウォーラーステイン、ブローデルなど、多くの学者たちがそれを証明しようとしてさまざまな理論を出した）。いまもそう主張する論者は多い。

われわれの世代の人間はみなそう思ったんですね。しかし必ずしもそうではなかった。第二次世界大戦では、ほとんどの国家が国力を使い果たしてぼろぼろになり、そこで強国間で戦争を起こさないようにする協定を作った。これが二次大戦後の「戦後体制」ですが、そのあと協調的な資本主義競争が現われ、アダム・スミスのいう「諸国民の富」の共栄ということが生じた。

　これを要約すると、資本主義が世界を闘争に導くかそれとも共栄させる本性をもつかは、国家間が相互承認の体制を作り出せるかどうかにかかっている。協調的経済を作り出せれば、世界経済は持続的に豊かになり、暴力契機も抑制される。それができなければ独占的競争になり、戦争契機を高めることになる。そして重要なのは、にもかかわらず、資本主義以外には協調的、相互発展的経済の可能性をもつシステムは存在しない、ということです。

資本主義批判の正当な根拠

苫野　それでいうと、竹田先生のおっしゃる資本主義の本質論は、むしろ「よい資本主義」の本質論であると考えたいと思うのですが、それでもいいでしょうか?　つまり、協調的な経済ルールのもと、普遍交換と普遍分業によって持続的な生産が可能になり、すべての人の消費が公正に実現されるなら、そのような経済システムは「よい資本主義」である、と。
竹田　じつにその通りです。ただ資本主義の基本の構造が普遍交換－分業－消費だというのは、「よい」か「悪い」には関係ありません。二十世紀の多くの理論家は、資本主義の現実の惨状をみて近代国家は悪であると主張した。でもそれは近代国家の現実とその根本設計（本質）を混同しているんです。資本主義も同じで、資本主義はひどい植民地戦争と世界戦争を生み出した。だから資本主義は悪いと。

独占はますます進み、労働者階級が窮乏化してゆく、というマルクスの予想は結局実現しなかった。戦後、協調的経済競争の体制が整うと、先進国では、実際に人々の一般福祉が大きく進んだ。つまり、国家間の相互承認が進んでゆくにつれて、資本主義は現実に共存的になった。「合成の誤謬」（各家計が節約しすぎるほど、経済全体は貧しくなる）と同じで、各国が、没落の不安によって自分だけ利益を独占しようとすると、過剰な競合や戦争になって共倒れになる。これが二つの世界大戦の大きな教訓です。

苫野　なるほど。ふり返ってみれば、資本主義は、多くの論者からこれまで繰り返し批判されてきました。でもそれらの批判は、いったいどれだけ本質をついたものであったのか、改めて吟味しないといけませんね。

たとえば、資本主義の最初期の批判者の一人に、ユストゥス・メーザー（一七二〇－一七九四）という十八世紀の人がいます。彼はいろんな批判をしているのですが、その中の一つに、資本主義社会においては、人々は経済的な利益ばかり考えるようになって、名誉を重んずる英雄的な人間がいなくなる、という言い方があります。これなんかは、若干、好き嫌いの次元の批判のようにも思われるのですが、これはその後も、多くの論者によって繰り返された批判です。たとえばナチにも加担した社会学者のハンス・フライヤー（一八八七－一九六九）は、資本主義社会には利己的な人間ばかりいると嘆いて、個人を超越した「民族的なナショナリズム」を訴えました。

利己的な金儲け主義に対する道義的な嫌悪感を抱いていたのは、マルクスも同じです。金儲けは醜い。他方、労働は尊い。しかしその労働者たちが搾取されている。マルクスの資本主義批判の動機は、ここにあったのではないかと思います。

それでいうと、いまの資本主義批判も、根っこは同じような気がします。プライベートジェットに乗っている奴らはけしからん、高級車に乗って環境破壊に加担している連中はけしからん、とにもかくにも、大金持ちはけしからん。そういったルサンチマン的な感情が、資本主義批判の根っこにはいくらかあるように思います。

気持ちはとてもよく分かります。でも、そうした批判は本当に正当な批判といえるのか。前章で出た「代理批判」と同じで、任意の立場に立てば、私たちは資本主義をいかようにも批判することができてしまいます。でも、批判するにしても評価するにしても、私たちにはその正当な根拠が必要です。じゃあその根拠はいったい何なのか？　普遍交換－普遍分業－普遍消費。これが、「資本主義」のよしあしを判断する時の第一の根拠である。私自身は、やはりそういっていいいんじゃないかと思うんですが、いかがでしょうか。

竹田　その通りで、ここでの「普遍」という言葉には、協調的な競争と全ての人々が消費に与るという含意があります。この構造は、資本主義の本質であるとともにその「理念」でもある。

苫野　「よい資本主義」の「理念」ですね。この「理念」を捉えることができなければ、結局はイメージや好き嫌いのレベルの資本主義批判や、場合によっては安易な革命論なんかに行きついてしまいます。

それで思い出したのですが、ここしばらく「贈与」という概念に注目が集まっていますよね。その先駆けともいうべき思想家の柄谷行人さん（一九四一－）は、専制収奪が始まる前に普遍的に見られた互酬的な交換システムを、高次に回復させようと長く訴えています。とても魅力的なアイデアです。でもそれは本当によいアイデアなのか。そもそも可能なのか？

私は熊本でしばらく畑をやっていたのですが、ここでは贈与交換がたしかに日常です。畑仲間との間で、穫れた野菜を当たり前のように交換し合う。何なら、勝手にうちの畑に入って穫っていってくれていいよという関係性が成立しています。田舎では、家に帰ったら誰かが釣った魚だったり野菜だったりが玄関前に勝手に置かれている、なんてことも日常茶飯事です。私自身、そんな田舎のコミュニティの中でとても居心地よく暮らしています。

でも、それを世界大に一般化することはおそらくできません。竹田先生はよく、九十九人の平和主義者と一人の戦争主義者という話をされますが、たとえ九十九人が互酬性を大事に生きていたとしても、一人の戦争主義者がいれば、贈与の文化を破壊して、専制収奪を始めてしまうかもしれないからです。実際、人類の歴史は、贈与交換と専制収奪を長く行きつ戻りつした挙句、最終的には後者が支配的になっていきました。その意味で、竹田先生がよくおっしゃるように、もしも現代人が資本主義を捨て去ることができたとしても、その行き着く先はやはり専制収奪システムに逆戻り、ということにならざるを得ないだろうと思います。普遍交換－普遍分業がなくなれば、生産性が極端に低下して、その結果、稀少な財をめぐって奪い合いが始まります。これを治めるためには、結局、巨大権力が登場するほかにない。人類が一万年続けてきた歴史が、また繰り返されることになる。

竹田　「贈与」、この言葉はずいぶん流行りましたが、それは、私の言い方では、典型的に、現実の論理に対する「道徳的対抗」（＝倫理的対抗）の一つです。

資本主義の世の中では人間は欲望競争を抑えられず、社会はますます悪くなってゆく。

多くの人々は、この「現実の現実性」に対して人間の道徳性を対置します。レヴィナス（一九〇六－一九九五）という哲学者はその代表で、彼は「戦争」が象徴する人間世界の現実性に対して「道徳」をその対抗の原理として出します（『全体性と無限』）。そこから、「他者」こそ人間の自己中心性を審判する原理であるという独自の倫理思想を主張しました（他者の尊重こそ「現実」に対抗する原理である）。

でも、いま苫野くんがいったように、道徳主義者（羊）が九十九人いても一人の闘争主義者（狼）がいたら、世界はその闘争主義者の支配に帰する。実際にあったことですが、一本のアイスピックで、何百人の乗客が乗った飛行機を長い間ハイジャックした人間がいました。ルソーも、『社会契約論』の注で、闘争主義者にとっては、道徳主義者、平和主義者が多いほど支配にとって都合がよい、といっている。優れた本質観取でさすがですね。「贈与」という観念も同じで、すべてを相対主義的に批判していたポストモダン思想が、あるときから突然「贈与」や「他者」を強調するようになった。批判的ポストモダンが倫理的ポストモダンになりました。これはまさしく現実に対する倫理的対抗ですね。

哲学の原理としては、世の中は放っておくと暴力による覇権者の支配構造になる。それを抑止する原理は、九十九人が相互承認し力を合わせてその一人を実力で排除するほかにない。これが「自由な市民社会」の原理ですね。

道徳や善意をいくら強調しても暴力や支配に対抗することは決してできない。社会が暴力の契機をよく制御できるほど、人間の倫理性は豊かになる可能性があるということであって、道徳的原理で暴力契機を縮減することはできません。力を排除できるのは力だけだから。よく考えればすぐに分かることですが、表象にとらわれるとそのことが理解できない。

苫野　念のために補足しておくと、「力を排除できるのは力だけ」というのは、「むき出しの暴力を排除できるのは、自由の相互承認のルールを共有し、一般意志に基づく権力を作ることによってだけである」という意味ですね。むき出しの暴力には同じくむき出しの暴力を、ではなくて。

竹田　そのとおりです。相互承認した九十九人による実力でないと、一人覇権者を排除してもまた覇権者ができるだけです。つまり、九十九人の「一般意志」による権力だけが平和を維持できるわけです。

戦争を抑止する方法として、人類は歴史的には四つの方法を試みてきました。贈与、交易、婚姻、宗教です。これらのうち共同体間の贈与は最も効果が少ない。贈与は敵意のないことを示しあうわけですが、これは力がそれなりに均衡しているときにだけ機能する。どの文化でもある段階では贈与的経済に近いものが一定程度見られます。しかし、なんどもいうように、均衡が崩れてどこかに優位が現われると、贈与交換は成り立たなくなり、相互不安が生じてたちまち戦争状態に転化するわけです。

要するに、贈与はどこまでも氏族的な共同体内での原理であって、それ自体では、戦争の抑止にも、格差の抑制にも原理とはならない。柄谷行人は、贈与的（互酬的）経済が高い次元で可能であるというのだけれど、個々人が自分の利益を追求し、かつそれが全体の調和と成長をもたらすという自由市場経済と互酬的原理は、原理的に背反的です。

現実には、互酬的な経済は社会主義あるいは全体主義の体制でしか可能にならない。ただし独裁的な権力によってです。そもそも「贈与」が格差や支配をなくす原理になるというのはあまりにロマンチックな表象です。

もう一つ大事なのは、自由市場経済は、人間の自由を実現するための不可欠の条件だということです。農奴を解放して、明日から自由ですといっても人々の自由は実現しない。さっきいったように、歴史的には、商人や生産者が徐々に所有の権利をもつという交易の領域が拡大してゆくにつれて、人間の「自由」の圏域が広がっていく。それが万人が経済ゲームに参加できる市民国家となることで、個々人の経済的な自立が確保される。そこで自由の相互承認が制度化されることではじめて万人の「自由」が実現されるわけです。

権力やルールを取り払えば人間は自由になる、というのは多くの人がもつ「表象」ですが、ここには自由を実現するための可能性の条件は、という問いが欠落しているんです。

資本主義に代わる思想を考えるなら

苫野　みんなが自由に平和に生きられるためには、「自由の相互承認」の原理に基づく民主主義社会以外にアイデアはなさそうだ。では経済システムはどうか。こちらも、普遍交換－普遍分業－普遍消費を本質とする資本主義以外には、どうも可能性がなさそうだ。これがここまでの結論ですね。

ただ、じつは私自身は、資本主義のオルタナティヴというか、ポスト資本主義についても、ずいぶんと考えてきたんです。竹田先生とも、長年にわたって議論してきました。でもこの数年で、やはり資本主義を何段階もアップデートするほかにないかなと考えるようになりました。

竹田　私もじつに三十年くらい、資本主義に代わるオルタナティヴを考えてきました。つまり、いまの矛盾の大きい資本主義に代わるどういう経済システムがありうるか、ですね。これまで、その原理をはっきり出したのはマルクスの社会主義だけです。

しかし、この原理では逆に人々の「自由」を確保できないことがはっきりした。ポストモダンは資本主義が間違っているというだけで、オルタナティヴとなる原理を出すことができない。アソシエーショニズムという派生的な考えがあるけれど、あくまで共同体的な相互扶助的経済の可能性で、普遍的な経済システムにはなりえない。

政治体制のオルタナティヴとしては、全体主義、民族主義、宗教政治などが現われました。しかし、どれも専制的、独裁的支配になって、人々の「自由」は確保できません（アナキズムは統治権力をなくすと普遍戦争になることを理解していないので、そもそも原理といえない）。

われわれは自由などいらない、平等だけがあればよい、あるいは信仰さえあれば生きていけるというのであれば、もちろん「自由な市民社会」の原理は必要ない。しかし、近代史の流れを通覧すると、多くの人間がもとめているのは、結局のところ、「自由と公正」の両立あるいは「自由と福祉と公正」の確保ということです。そしていまのところ、それを可能にするのは、あらゆる可能な社会原理を考量した結果として、資本主義経済に支えられた「自由な市民社会」の原理しかない。

いまの資本主義は大変よくない。これはじつにその通りです。なんとか現状を変えないといけない。しかしだから資本主義をやめよう、は安易な表象で大いなる錯覚です。支配は国家権力とそのルールによって支えられる。だから国家権力とルールをなくせば支配はなくなる。これも同じく「表象の誤謬」です。

苫野　はい。

竹田　さっき苫野くんがいったように、「自由な市民社会」の基本設計図は、「自由の相互承認」「一般意志」「一般福祉」という三つのキーワードで表現できます。では、この近代社会の基本設計図で、現代の資本主義の矛盾を乗り越えられるか、これが問題ですね。私の考えは、原則としてはこれでＯＫ、というかむしろ、いまのところ、これ以上の考えはない、これ以上によいオルタナティヴは存在しない、です。

ただし、現在の資本主義は、初期のルールなしの産業資本主義の段階も、その後の戦後の協調的経済競争の段階も超えて、いわば「超金融資本主義」の時代になっている。そして、また新しい大きな矛盾を生み出している。これは近代哲学者たちがほとんど予想していなかった状態です。だから現状の資本主義のありようをよく認識し、その欠陥を批判してこれを健全な資本主義にもどさないといけない。

いまの資本主義は、一昔前の、資本家に富が集中するシステムから、一握りの超富裕層が、さまざまな方法を使って世界の富を独占するシステムを作ろうとしている、という段階にきている。ここには「見えない権力」ではなく、「見えないマネー独占の構造」が成立しつつある。それをよく把握する必要があると思います。

一九八〇年代を境にして、資本主義の構造がそれまでとはっきり大きく変わっている。その問題は、これまでの反権力や反資本主義の観念ではとうてい対応できないのです。

第5章

未来社会をどう作るか

資本主義が抱える問題の本質

苫野　前章での議論を受けて、本章では、現代の資本主義の問題の本質はいったいどこにあるのか、そしてそれを乗り越えるために、私たちは、何を、どこから、どのように考えていけばいいのかについて、論じ合っていきたいと思います。

竹田　近代社会批判がさまざまな形で出てきたのだけれど、まずは近代社会の功罪というものをしっかり考える必要があると思う。改めて近代の歴史を振り返って見ると、大きくはつぎのような事実があります。

まず、罪の側面。フランス革命前後に成立した近代国家は、イギリス、アメリカ、フランスの三つ。あとは近代国家の経済力が強いことがはっきりして、他の王国はこれを見習って上からの近代国家化を進めます。ドイツ、オーストリア、ロシア、それから日本もそうです。そのあと、近代国家どうしの本格的な資本主義闘争になって、最後に二つの大戦のカタストロフィにまで行きついた。見てきた通りです。

なによりひどかったのは、大戦以上に植民地争奪戦争とその収奪の苛酷さで、これは近代の大きな暗黒面です。このために、ヨーロッパ以外の旧植民地国家の人々は、いまもヨーロッパと近代に対して根強い不信感をもっている。またこの暗黒面によって、ヨーロッパの知識人たちは、近代国家に対する反省をさまざまな社会批判の形で生み出したわけです。

では功の面はどうか。まず近代以前の社会では、人々に自由の権利はなかった。ほとんどの人間が絶対支配のもとに隷属していた。これが第一です。しかし近代社会の進展は見たような大きな矛盾も生み出した。とはいえ、第二次大戦後、欧米諸国は戦争にこりて、政治的、経済的な協調体制を作ります。国連（正統な理由のない戦争行為を諸国家で懲罰する役割を果たした）とブレトンウッズ体制（協調的な経済競争を可能にする為替制度などを改変）がその象徴ですね。

このことで、戦後、とくに先進国では人々の「福祉」が急速に改善されていきます。普通選挙法の整備、これは一般意志の表現の最大のアイテムですね。それから、さまざまな福祉法の充実、労働法、健康保険、年金制度、生活保護法。それから格差も大きく縮小します。その結果中間層が拡大します。日本では七〇年代に「一億総中流」という言葉も出てきましたね。

さらに、戦後はじめて、先進国に大衆消費社会という現象が現われます。消費社会とは、ごくふつうの人々が土日にデパートや繁華街にショッピングに出かけたり、山や海にレジャーに出かけたりすることが普通に見られるようになることです。これは大戦前にはほとんどなかった。もう一つ重要なのは労働時間の短縮で、いまは先進国では週休二日制が当たり前になっている。これも昭和の前半にはあり得ないことでした。
要するに、諸国家が拡大した生産力を戦争につぎ込むのをやめて以後、はっきりと、それが人々の福祉に回るということが起こった。
もう一つつけ加えると、この時期、先進国はそろって五％以上の成長を持続し、さらに象徴的なのは東アジアの奇跡と呼ばれる現象で、途上国が先進国を超えるような成長を見せ、経済的キャッチアップを示した。日本もその一つです。それまで資本主義は貧しい国からの搾取・収奪によって支えられているので、途上国が追いつくようなことはありえない、といった考えが強くあったんですが、これも破綻します。

苫野　「アジアの虎」と呼ばれた、シンガポール、香港、韓国、台湾をはじめ、マレーシア、タイ、インドネシアが、急激に経済成長を遂げました。

竹田　それですね。いちばん肝心な点は、近代社会と資本主義の進み行きは、国家どうしが敵対関係にあった時代にはひどい矛盾が出てきたけれど、協調の経済がととのってくると、明らかに資本主義国家の共存が可能になり、それとともに人々の「自由」と「福祉」が大きく進んだということです。
ルソーやヘーゲルが、戦後の先進国の人々の状態を見たなら、一種の理想状態をそこに見て驚いたに違いない。また近代社会が人間の自由を規律権力によって抑圧する新しい支配社会だというような議論にも、驚いたに違いない。

近代社会には近代に特有の大きな矛盾が現われた。見たとおりです。しかし長いスパンでは、近代社会が、人間の自由と福祉の状態をそれ以前の社会とは比べものにならないほど改善した。これも明らかな事実です。

苫野　わずか二〇〇年前まで、世界人口の九割が、その日食べるものさえままならない絶対的貧困にあえいでいました。ところが今日、その割合は逆転しました。現代の私たちは、その大半が、当時の誰よりも、それこそ王侯貴族たちよりも豊かな生活を送っています。人類史を振り返れば、これは奇跡とさえいえることです。

もちろん、いまも十億人もの人たちが極貧の中で生活を送っています。二十一世紀から二十二世紀にかけて、必ず克服していかなければならない大きな課題です。

竹田　もういちどいうと、近代社会にははっきりした功罪がある。十九世紀の植民地収奪と世界戦争、これが否定されえない最大の暗黒面。しかし人々に自由を与え福祉を改善したという点では、動かしがたい前進を示した。とはいうものの、資本主義の格差の拡大というやっかいな本性については、現代社会はまだこれを克服できていない。じつは一九八〇年代以後、むしろこのマイナスの側面が再び大きく現われています。

私は、さっき見たような、戦後から一九八〇年頃までの資本主義の状態を、資本主義の黄金時代と呼んでいます。ところがそのあと、世界の経済構造に変化が生じます。石油価格の高騰やその他の理由で、先進国の経済成長がのきなみ三％以下に落ち込んでくる。そこで先進国は経済政策を大きく転換します。それがいわゆる「新自由主義」（経済学者フリードマンなどが主導。小さな政府、金融緩和、市場原理主義など）です。

ここで、それまでの産業中心の資本主義が金融中心の資本主義に大きく変わる。一つ象徴的なデータがあって、一九八〇年を境に実体経済と金融経済の規模が完全に逆転して、それまで実体経済が金融経済を主導していたのに、現在では、金融経済と実体経済の格差が十年で十四倍にも広がったといったデータもあります（「ゴールドオンライン」連載「お金をばらまいても経済が盛り上がらないのはなぜ？」より）。

世界の資本主義は、ひとことで産業や技術力の競争から金融力の競争になってしまった。私はこの新しい流れを超金融資本主義と呼んでいます。

この八〇年代以後の金融中心の資本主義の競争は、ひとことで格差、つまり貧富の差を大きく加速しました。アメリカはこのゲームで勝ち組になり、日本は負け組になった。日本は一時マイナス成長までいきましたね。ただし、アメリカが勝ち組といっても、実質は富裕層だけが大きく資産を増やし、中間層と下層の人々は貧しくなっている。このことがいまのアメリカのトランプ現象や大きな分断の原因になっているんです。

グローバル化によって生じる問題への向き合い方

竹田　戦前の資本主義でももちろんひどい独占状態があった。しかし戦後、諸国家はケインズ（一八八三－一九四六）の理論[注]などを活用してこれをうまく制御してきた。独占は成長を阻害して格差をひどくする。ところが現在の独占は、生産や市場の独占ではなく、いわばマネー自体の独占です。

実体経済と金融経済のバランスのとれた成長が大事なのだけれど、金融経済が膨大に膨れあがっている。このマネー資本主義は、マネーが国家の枠を超えて動くために独占の制御もきわめて難しい。富の一極集中の状態がどんどん進んでいる。これが現在の資本主義の特徴的な状態です。

資本主義の格差の問題は、かつては資本家と労働者の対立の形をとっていた。それはやがて先進国と途上国の対立になり、いまそれは、世界のごく少数のスーパーリッチと大多数の貧しい人々の二極化という構造になりつつある。

戦前の資本主義はいわばルールが整備されていない実力闘争の資本主義で、やはり格差

注　経済の不況のときには、政府が積極的に介入して需要を喚起することが重要とする説を立てた。それまでの自由放任経済説に対して、ケインズ革命ともいわれる。

がおそろしく拡大していた。それが何度も恐慌を生み出し、一九二九年の大恐慌がきっかけとなって、それが世界大戦を引き起こしました。格差の拡大、富の一極集中は、国家間の対立契機を大きくし、世界の暴力契機を高めて戦争の可能性を引き出します。ウクライナやパレスチナの戦争は、そういった傾向の現われです。

苫野　富の一極集中という点でいえば、大金持ちたちによるレントシーキングは止まるところを知りません。レントとは家賃のことですが、要するに利権のことですね。レントシーキングとは、濡れ手で粟をつかむようにして、何もしなくても莫大な利益が手に入るよう、議会や政府に働きかけて種々の法律を作らせたり廃止させたりする行為です。現代のグローバル資本主義は、すでにそういうことになってしまっている。

竹田　まさしくそのレントシーキングですね。かつては、資本主義は資本が資本を生むといわれていた。産業が盛んになり物がよく売れて企業が成長し資本家が潤う、ですね。いまはピケティ（一九七一－）がいったように、資産が資産を生むという状態です。単なる企業投資ではなく、あらゆる仕方でマネーを利用してマネーを増殖するシステムを作り出している。それがレントシーキングですね。

　ＡＩの技術が進んだら、人間の仕事がなくなるとか、人間の生活の形が変わって関係が希薄になるとかの議論もあるけど、それ以上に、ＩＴの進歩のやっかいな点は、それがマネー独占の新しいツールになりつつあるという点です。ＧＡＦＡ（Google, Apple, Facebook, Amazonというアメリカの巨大ＩＴ産業の総称）の独占的支配が進行していて、これを適切に抑制できるかどうかも大きな問題になっていますね。

苫野　超金融資本主義の中で、いま、先進国はプルートクラシー（金権政治）かつオリガーキー（寡頭政治）になっています。アメリカも、もはや民主制国家といっていいのか疑問なくらいです。そしてＡＩ時代になると、そうした一部の特権階級の人たちが、テクノロジーを使ってさらに自分たちの権力を強固なものにできるようになってしまうんですね。

歴史を通して、技術革新は、すべての人に恩恵をもたらすよりも、その技術を支配した一部の人々に莫大な富をもたらし、格差を広げてきたことが指摘されています。ジョエル・コトキン（一九五二－）という人は、テック業界のスーパーリッチのことをテック・オリガルヒと呼んでいますが、そうした人たちは、テクノロジーを駆使することで、私たちの一挙手一投足を監視し、時にその行動をコントロールすることさえできるようになっています。そしてもちろん、そのことで、ますます富を獲得できるようになっている。二〇二四年にノーベル経済学賞を受賞したダロン・アセモグル（一九六七－）らは、『技術革新と不平等の１０００年史』（早川書房）という本の中で、ＡＩはすでに不平等を拡大させる軌道に乗ったようだといっています。

竹田　いま苫野くんがレントシーキング、プルートクラシー、オリガーキーという言葉を出したけれど、まさにこの三つが、現代の資本主義の構造を象徴するキーワードですね。いまや資本主義の上層は、産業で儲ける資本家ではなく、グローバルなマネーゲームの勝者であるごく少数のスーパーリッチ層で、彼らが巨大なマネーで政治と経済のルールを独占しつつある。それが現代のプルートクラシーです。

アメリカがとくにひどくて、ロバート・B・ライシュ（一九四六－）の『最後の資本主義』（東洋経済新報社）などがその現状をよく伝えている。彼によると、アメリカの民主主義はいまや一人一票ではなくなって、何千ドル一票という状態になっている。また資本主義をフェアなルールとするために存在していた基本のルールがどんどん書き替えられている。政治と経済の癒着の問題は昔からあるけれど、いまのスーパーリッチ層は、巨大なマネーを政治につぎこんで経済のルールを独占する。そのことでさらに大きく儲けることができる、という具合です。

税金も政治で決定されるルールですが、戦後しばらくは、先進国の金持ちへの所得税は七〇％前後が普通だった。八〇年代以後どんどん下がっていまは四〇％前後にまでなっている。投資によるキャピタルゲインの税率も同じです。マネーゲームに成功した世界のスーパーリッチたちは、国家を超えて勝ち組の利権構造をどんどん拡大しているんですね。

苫野　ウォルター・シャイデル（一九六六－）という歴史家が、『暴力と不平等の人類史』という本で、不平等の是正には世界史的に見て大きく四つの理由しかなかったといっています。一つ目が戦争、二つ目が革命、三つ目が国家の破綻、そして四つ目が疫病。つまり、カタストロフィが起こって、全部がある程度真っさらになってはじめて、不平等がならされて再スタートできることになったのだ、と。

でもそれには、膨大な人の命が奪われるという、とんでもない代償があったんですね。そうしたカタストロフィを起こさずに、今後どうすれば、資本主義を民主的に、意識的にコントロールして、不平等を是正していくことができるか。改めて、これが現代の私たちが知恵をもち寄るべき大きな課題です。

竹田　たしかにそういえますね。私の考えでは、国家間の相互承認という意味では、ヨーロッパで二回、国家間の大きな相互承認の約束があった。一つはウエストファリア条約です。長い宗教戦争でヨーロッパの人口が半分近く減少するなど、ここでもやはりひどいカタストロフィに陥った。この条約で、宗教間の戦争はもうやめようという合意がようやくできたんです。

この約束はその後ほぼ守られ、そのことではじめてヨーロッパの市民社会が可能になった。プロテスタントとカトリックがどこまでも戦い合っていたら、おそらくヨーロッパは二つの帝国に分裂して、市民社会は成立しなかった。

もう一つはすでにいったけれど、国連とブレトンウッズ体制に象徴される第二次大戦後の「戦後体制」です。ここでも二つの大戦で何千万人も死者が出るカタストロフィになったけれど、そのあと、資本主義戦争はやめようという先進国間の「手打ち」が行われた。このあと富の格差はたしかに大きく改善されたんです。しかし当然だけど、苫野くんがいったように、カタストロフィをまてばよいということにならない。政治と経済の調整の失敗はほとんど戦争という破局になる。それをどう抑止するかが問題です。

あと興味深いのは疫病の話ですね。最近起こったパンデミックは黒死病やスペイン風邪にくらべるとはるかに軽微だった。それが現代免疫学の成果かどうかはまだはっきりしたデータが出ていないが、ここでは何らかの理由で富の格差が減るどころでなく恐ろしく拡大しているといわれています。

世界の富豪上位十人の総資産が新型コロナパンデミックの二年間で「倍増」したという報告があります（七〇〇〇億ドル〔約八十兆円〕から一・五兆ドル〔約一七二兆円〕。国際NGOオックスファムのデータ）。これは一つの例にすぎませんが、いま世界のスーパーリッチ層は、あらゆる機会を資産を増やす大きな利権構造に変える手段を積み上げているように思えます。

気候問題から考えてみる

竹田　もう一つ気になるのは気候問題です。たとえばEUが中心になってSDGsの運動などが出てきた。主張はよくてはじめは少し期待したけれど、経緯を見ているとほとんど実効がみえない。これも、むしろ一部はヨーロッパ中心の一つの利権システムになりつつあるという意見もしばしば見られます。さまざまな国際機関がいつのまにかやはり富裕層の利権的システムになっている。一定の役割は果たしているものの、国連でさえその例外ではない。

集積された巨大マネーは政治と経済のルールだけではなく、広い領域に影響を与える力をもっている。ひとことで巨大マネーは、さまざまなルールを買い取り独占するんです。国際的な諸組織、諸公共団体、またなによりマスコミ、公共的情報機関、御用学者たちへのマネーによる侵蝕もひどくなっている。いまその金力によるマスコミ操作の力は、インターネットの拡大とあいまって、よくいわれているポストトゥルース状況、どこにほんとうの情報があるか誰にも判断できないという状況の元凶といえます。

あと、気候問題にもどると、気候問題を放置するとひどいことになる可能性があるが、そこから資本主義をやめるか成長を止めるかしかない、という議論が出ている。これも哲学的には大きな勘違いです。

気候問題では、成長した先進国とこれからエネルギーを使いたい途上国の根本的な利害対立がある。まずいかに国家間の利害の対立をうまく調停できるかが根本の問題で、それができないと協調的な国際ルールなどとうてい作れない。これから成長を進めたい途上国からみると、成長を止めよというのは先進国のひどいエゴイズムですね。

それとこの問題は、フラットに見ると科学的に決着がついていない点で大きな弱点があるのです。気温の上昇はありそうだが、二酸化炭素が主原因かどうかは判断できないという説も多く出ている。パンデミックにおける免疫学の問題と同じで、「危険はあるが、ほんとうにそうかどうかは分からない」、なのです。

苫野　格差問題と環境問題、どちらにも応えうるアイデアとして最近、「コモン／コモンズ」という言葉が再び流行していますす。何でもかんでも私的所有を可能にしてしまうのではなく、「みんなのもの」をちゃんと定めていこう、ということですね。ただ、近年はどうも反資本主義の文脈で語られることが多いようです。

竹田　その「コモンズ」ですが、すべてを市場原理にするのではなく、必ず一定の「公共の領域」を確保せよというのは、むしろ近代国家の基本です。

苫野　たしかに。「コモンズ」は、反資本主義の文脈ではなく、民主主義と、その民主主義によってしっかりコントロールされた資本主義の文脈で論じられるべき概念だろうと思います。

竹田　つまりシビリアンコントロールの領域ですね。一般的には、シビリアンコントロールの対象は警察と軍隊ですが、そのほかに同じ原理で公共の福祉のために運営されるべき領域がある。公教育、医療、福祉行政ですね。お金持ちだけが長生きできる社会は「相互承認」や「一般意志」の原則からもアウトですね。それからもう一つが先端的科学技術です。原子力も含めて。

苫野　やっぱり考えるべきは、一般福祉と普遍消費のために、「民主的によくコントロールされた資本主義」をどう鍛えていくかなのだと思います。現代の私たちが叡智をもち寄るべきは、この問いである、と。

人口問題の考え方

竹田　気候問題にはたしかに危険の可能性がある。しかし私の考えでは、それよりもっと重要な課題は人口問題です。そしてこの問題は世界の環境問題、資源問題の急所なのです。

資本主義的な経済成長がこのまま続くとどうなるか。気候変動よりはるかに確実なのは、途上国の生活水準が必ず少しずつ上がっていくということです。象徴的なデータは、もし中国の十三億人が日本なみの生活水準に達すると資源的に地球が複数個必要になる。中国だけでなくインドやアフリカもあります。要するに、気候問題より、世界の人口問題が、地球の臨界問題（プラネタリーバウンダリー）の決定的な急所です。

私が前からいっているのは、人類は、数世紀かけて人口を少しずつ削減していく必要があるということです。それができなければ、いくら経済成長があっても、あるいは経済成長を抑えても、人口増加が財の希少性を生み出してそれは必然的に普遍戦争を招くことになります。いまは途上国も核をもっているから、最悪のカタストロフィになるかもしれない。

苫野　念のために補足しておくと、人口の削減というのは、戦争やパンデミックで人が減ればいいとか、かつての中国のように一人っ子政策をしろとかいう話ではありません。先進国がなぜ人口減少してきたかというと、大きくは経済条件と教育条件が上がったからです。もっともいまの日本は、国民の貧困化のために、結婚して子どもを産める若者世代が減少してしまったのが大きな要因ですが。ただ一般的には、特に女性の教育が進むと、社会進出が進み、必然的に子どもの数も減っていく。逆にいうと、一般福祉が世界的に上がっていくと、人口も自ずと減っていき、そうすると限られた資源を奪い合うのではなくて、フェアに分け合う方向に進む動機が増えていく、というわけですね。

竹田　そのとおりです。世界の人口推移は、近代のはじめは十億、ここから急速に増加して一九六〇年で約三十億、いまが八十億。二〇五〇年あたりから緩やかに減少するという予想もあるが、確実ではない。にもかかわらず、生活水準が持続的に上がることははっきりしていて、どこかの時点でパイのぶんどり合戦になる。戦争の契機がどんどん高まるのです。

人口を数世紀かけてゆっくり減らしてゆくこと。これは人間の未来にとって必須の課題です。気候問題やら、貧困問題やら、資本主義のルール調整といったどんな努力も、人口が増え続けるかぎりは焼け石に水というか、はっきりいって無意味になる。だから資本主義の格差問題と人口問題、この二つが人間社会の未来にとっての核心の問題です（これは、橋爪大三郎との共著『低炭素革命と地球の未来』〔ポット出版〕での結論の一つ）。

資本主義をやめるには世界革命しかないので、その前に世界戦争になります。まったく現実性のない話です。世界が協調して富の格差の拡大と異常な一極集中を是正すること、また世界の人口を数世紀かけて三十億ほどにまで縮小できれば、資源問題も環境問題も格差問題もほとんどが解決できます。とても時間がかかるけれど、目標を明確にして維持するかぎり実現の可能性があります。

人口問題については、年三〇〇〇ドル理論というのがあって、国の経済水準がこれを超えると人口が減っていくといわれている。もう一つは苫野くんがいった教育水準ですね。

貧しい国の教育水準が上がるほど出生率が下がる。

まとめるとこうなります。人類が戦争－暴力の契機を縮減していくための根本の原理は、国家間の相互承認の進展です。ほかにはありません。もう少し具体的には、民主主義国家が増え、格差の拡大を制御するための国家間の協調的な経済ルールを整備すること。哲学的に原理をおいつめると、とてもシンプルになります。これ以外のさまざまな考えは問題の核心をあいまいにするのです。

民主主義はもう終わり？

苫野　諸国家の相互承認といっても、いま世界を見わたせば、民主主義国家よりも専制国家の方が増えているとか、中国の台頭だとかを受けて、そんなことは不可能なんじゃないかと多くの人が思ってしまうんじゃないかと思います。「もう民主主義は終わりなんじゃないか」とか「民主主義と資本主義のベストマッチは、もううまくいかないのではないか」とか、われわれはいま、非常に焦ってしまっている。でも、ビッグピクチャーとしては、やはり民主主義と、この民主主義によってよく規制された資本主義を成熟させ、カントが『永遠平和のために』で二〇〇年以上も前にいった通り、そうした民主主義国家どうしの連合を作って、平和を目指す以外にないと私も思います。

そもそも、近代デモクラシーは登場してまだわずか二世紀半くらいです。それに対してオートクラシー（専制政治）は、中国の伝説の王朝、夏においてすでに登場していたことが知られていますが、ということは四〜五〇〇〇年の歴史をもっている。五〇〇〇年もの間、ずっとオートクラシーを続けてきた中国が民主化するのは、やはりまだまだ時間がかかりそうですが、とにもかくにも、近代デモクラシーはまだよちよち歩きの赤ちゃんなのです。大事に大事に、育てていかなければならない。政治的には、自由の相互承認と一般意志、一般福祉、そして経済的には普遍消費を、今後二〜三世紀くらいかけて、しっかり実現していく必要があるわけです。一朝一夕にはいかないプロジェクトです。でも、私たちがいま何に叡智を結集すればいいのかがちゃんと分かれば、これからも希望を失わずに進んでいけるはずです。

竹田　民主主義はもう終わりではないか、という意見は、十九世紀から何度も出てきている。近代社会の新しい矛盾の深刻さを見て多くの人が絶望したんですね。シュペングラー（一八八〇－一九三六）の『西洋の没落』などはその代表です。でも哲学のスパンで近代哲学者が構想した「自由な市民社会」の進み行きを見ると、長い時間がかかったけれど、人々の自由と一般福祉は疑いなく進んでいる。

初期資本主義の矛盾は大きかったし、近代社会の大きな暗黒面もあった。そのつど近代社会も民主主義ももう終わりだという言説が現われた。しかし結局、どんな社会的オルタナティヴも現われなかった。最も有力な候補が、マルクス主義とポストモダン思想ですね。しかし両方とも社会原理としては挫折し、破綻しました。

もう一ついうと、独裁的統治と経済成長を両立させて驚くべき成長をとげてきた中国の台頭ということがある。世界の貧困と格差が総体としては縮小したといわれているが、これは貧しい国への中国の巨大なインフラ投資による面が多い。ここから、貧しい国にとって腐敗した民主主義＝資本主義より中国モデルのほうが希望ではないか、という考えも出てきました。

しかし中国はインフラ投資とともに必ず政治体制も輸出する。一種の経済的植民地化の政策です。これはかつての専制帝国モデルへ進みます。そして経済成長がすすむほど、必ず人々の自由への欲求と背反し衝突する。国家間対立も激しくなり、人間社会の未来としての可能性はここにはありません。

人間社会の将来の可能性としては、私は民主主義社会一択だと思います。近代の歴史がそのことをはっきりさせたのです。その理由をできるだけ簡潔にいってみます。

第一に、民主主義が、万人が「自由」とその諸権利を確保するための唯一の社会原理だからです。

もういちどいうと、自由はいらない、宗教があれば十分と人々がいうのであれば、そのかぎりで民主主義社会は必要ない。しかし宗教どうしの対立が克服され、人々が自分の信仰を自由に選ぶことができるのは民主主義社会だけだということを忘れてはいけない。

第二に、大きくいえば、人類はこれまで、暴力原理による専制権力の社会か、人々の一般意志による人民権力の社会の二つしかもたなかった。哲学的に考えて、それ以外の社会はありえないし、民主主義以外の折衷形態は、必ず専制権力に進んでいくのです。

第三に、人々が近代社会と民主主義を疑問視するのは、なにより富の格差の拡大からくる諸矛盾のためです。だから社会主義の考えが大きな力をもった。しかし民主主義社会だけが、人々の生き方や価値の自由を確保しながら、一般意志によって公正と平等を実現する可能性をもつ唯一の社会です。

第四に、民主主義だけが、諸国家の相互承認を推し進めることのできる社会原理だということです。そしてこのことが、人間社会にとって最も重要な課題である、暴力と戦争契機の縮減を実現できる可能性です。

これらのことは、哲学的な原理の考えからは動かし難いもので、実際、これ以上の考えはかつて全く現われなかった。これからも現われないと思います。これを追いつめていえば、「自由な市民社会」の原理は、社会あるいは世界を、人々の対等な権限による完全にフェアなルールによるゲームにする、という原理だからです。

問題の核心点は、「自由」のない政治体制は、決して人間社会の未来の可能性とはならないということです。「完全平等」でも「絶対自由」でも「倫理的世界」でもなく、「自由と公正」を両立させる社会だけが人間の未来にとって「よい社会」の唯一の公準（基準）だということです。

というわけで、人間社会はいま大きな岐路にあると思います。民主主義国家の拡大によって国家間の相互承認を推し進めること、そのことで資本主義の格差を制御し、人口の縮減の課題をクリアできれば、人類は、テクノロジーの持続的進化によって、戦争の完全な抑止、そして自由と公正を実現してゆく可能性をもっている。反対に、世界大の格差を縮小できず、国家間対立が激しくなっていくなら、覇権的な世界戦争や世界独裁帝国が論理的帰結となる可能性があるわけです。

だから、現代社会の最も重要な課題は、国家の相互承認を推し進めていくことであり、そのための条件をしっかり見通さないといけない。象徴的にいえば、ケインズ、フランシス・フクヤマ（一九五二―）、ピケティの線が一つの基準になると私は思う。自由放任の資本主義ではなく国家の介入による経済格差の調整。これがケインズの基本。フランシス・フクヤマは早くから民主主義が政治社会の最後のスタンダードであると主張していた。それから『二一世紀の資本』のピケティ。格差の是正こそ資本主義を健全なものにする急所だということです。

苫野　フクヤマの『歴史の終わり』は、しばしば批判されてきたように、ソ連の崩壊後、民主主義こそが未来永劫の最終勝者なのだと謳ったものではないんですよね。もし人類が自由かつ平和に共存したいのであれば、その限りにおいて、リベラルデモクラシー、すなわち「自由の相互承認」の原理を鍛えていくほかないといったんですね。だから私たちは、その実現のために今後も不断に自覚的な努力をする必要があると。さんざん批判された本ですが、細かな点はさておいたとしても、改めて本質をついています。

「世界政府」は可能か？

竹田　あと一つだけ。世界全体が一つの国家になれば一番よいのではないか。世界政府、世界共和国という考えがある。この考えは、理屈としては、ルソー－ヘーゲル的相互承認の極限形ですね。すべての人間が人種、文化、言語、宗教にかかわらず、完全な世界市民として相互承認する。みなで対等の権利で、そしてすべての人間の一般意志の原則で政治のゲームと経済のゲームを行なう。この考えは、絶対的な世界宗教国家や絶対的な専制イデオロギーの世界国家と端的に対比できるので、「自由な市民社会」の構想の優位性を知る上で、ある意味とても分かりやすい。

でもこの理念の実現可能性を考えてみると、多くの困難がある。大きくいえば、こういう社会はまったく不可能ではないかもしれないが、まず諸国家の相互承認の完全な実現が人間社会の最重要課題です。この課題の実現の先にはじめてその条件が分かってくるような「理想」と考えるのがいい。

苫野　すでにカントが、世界政府――カントの言葉だと「一つの世界共和国」――は非現実的で、重要なのは諸国家の連合であるといっています。なぜ世界政府が非現実的かというと、まず、権力をもちすぎる可能性があるという大きな問題がありますね。それだけ巨大な政府になると、民主的な統制が非常に難しくなる。

もう一つ、「われわれはともにこの社会を作り合う仲間だ」という意識をもつことのできる範囲には、どうやら限界があるらしいんですね。民主主義社会では、お互いの対等なメンバーシップを認め合う必要がありますが、政治哲学者のウィル・キムリッカ（一九六二―）によれば、このある種の同胞意識を一番底で支えているのは、どうやら同じ言語にあるそうです。民族でも宗教でもなく、言語なんですね。だから、近代の国民国家はどこも言語を統一したわけです。日本も、それまでは九州と京都では言葉もなかなか通じなかったそうですが、国語教育を通して日本語を統一していきました。そのことの功罪はとりあえずおくとして、そうやって「われわれ日本人」という意識を作り出した。同じ言語が国民国家にとってどれほど重要だったかという点については、ベネディクト・アンダーソン（一九三六－二〇一五）の古典的著作『想像の共同体』にも詳しいです。ウクライナを見てもそうですけど、言語が違う人たちが同じ国の中にいると、どうしても同胞意識をもちにくく、国民国家として不安定になってしまうということがあるんですね。

あと、民主主義には非常にパラドキシカルなところがある。われわれがともにこの社会を作り合う対等な仲間であるという考えは、どうしても「われわれ」と「それ以外」という構造を、不可避的に作ってしまう面があるんですね。キムリッカも、同じ言語が対等な仲間意識の基盤を成しているということは、嘆かわしいけれどもいまのところ仕方のないことのようだといっています。そういった現実をふまえると、「われわれ対等な仲間たち」と、「あちら側の仲間たち」、そしてまた他の「あちら側の仲間たち」が相互承認して、連合して、協調的に国際社会を作り上げていくということが、最も現実的な道だろうと思います。まあこれは、国際法や国際政治学の常識的かつ前提的な考えでもあるわけですが。

竹田　私もそう思います。近代の市民国家は、人々の「自由の相互承認」、つまりみな同じ人間だという感覚を作り上げるのに、新しい教育、国語、諸制度の整備など、おそろしいほどの努力を必要とした。ベネディクト・アンダーソンの議論は、それは近代国家という「にせ」の共同体幻想を作り上げるためのものだったという話になっているけど、これは哲学的には「さかさま」で、フーコーの、主体をマインドコントロールする近代の規律権力、という観念と同じです。

そもそも近代化の努力は、人々が、人間はみな対等で同じ存在だという感度を育てるための長い努力だった。それまでは人間はみな違うし貴賤や富の差は絶対的だった。この努力によってはじめて「自由の相互承認」が少しずつ進んでいったわけです。

近代社会はそういう努力を重ねてようやく「相互承認」の感度を作り出した。世界の国家間の「相互承認」の実現は、もっと困難が大きい。大きくいうだけで、まず言語の壁、宗教の壁、文化の壁、人種の壁がある。言語の壁と宗教の壁を取り払うだけでも、それはわれわれが想像する以上に大きな困難です。

だからまずは、国家間の相互承認が課題です。そのためには、カントがいったように「共和国」（民主国家）どうしの連合が理に適っている。専制国家はそもそも相互承認という原則をもっていません。国家の相互承認が難しいのは、非常に貧しい国とアメリカのような大国があって、ここに市民の「一人一票」の対等性と同じものを作り出すことが難しいからです。でも、やり方は工夫できると思います。

それから、苫野くんが言ったように、世界共和国の考えで大事なのは、この構想があくまでルソー、ヘーゲルの「自由な市民社会」の原理のグローバル版だということ。つまりその原理は反近代、反権力、反民主主義ではありえないことです。

もう一つは世界国家の考えで問題なのは世界共和国の統治権力が成立したとして、もしそれが一部の人間に独占されたら、世界大の独裁国家、全体主義国家になって回復不可能になる可能性も大きい。ＳＦに出てくる世界大帝国ですね。

民主主義的な国家がたくさんあり、それぞれが利益単位だけれど、資本主義経済の普遍交換－普遍分業の原理によって戦争の動機が抑えられている。どこかが専制国家になろうとすると、他の諸国家が制御する。これがいちばん安定的だと思います。そう考えると、国家間の相互承認の先に世界共和国をめがけるべきかはまだ未決の部分が大きい。

ともあれ、世界国家、世界共和国は実現条件の壁がきわめて大きく、それがベストかどうかまだ明瞭でない。だから人類の遠い理想としてはよいけれど、現実的な目標にはならない。民主主義的国家の相互承認が、いま、最も現実的かつ最も重要な課題だと思います。

苫野　世界には、いわゆる未承認国家も少なくありません。お互いを対等な国民国家どうしとして相互承認するということさえも、まだ全然実現していないのが現状です。でも、長い目で見れば、私たちはどこかのタイミングで相互承認していくしかありません。もしも互いに平和に自由に生きたいと願うのであれば。そのための条件を、私たちはどうすれば整えていくことができるのか。資本主義の民主的なコントロールと同様、これは二十一世紀、そして二十二世紀に向けての大きな課題です。

問題を明確にし、ともに考える

苫野 ここまでの話で、これからの社会、世界の向かうべきビジョンが明確になったと思います。とはいえもちろん、読者のみなさんには、ぜひ多角的に、批判的に、吟味検証していただきたいと思います。その上で、もしたしかにそうだなと思えたとしたら、そのような民主主義、資本主義の世界はどうやったら実現できるかということを、ぜひともに考えていただきたい、と。

これまで何度も表象の思考を批判してきましたけれど、もちろんそれは、私たちの哲学にも投げ返されなければならない批判です。われわれの思考は、本当に、原理の底にまで落ち切ることができているのか。

フッサールが、『イデーン』のあとがきにこんな印象的な文章を書いています。「筆者は今老境にいたって、少なくとも自分自身としては、完全に、次のように確信するにいたっている。すなわち、自分こそは一人の本当の初心者・端緒原理を摑んでそこから始める人間であると、こう自ら名乗り出てもよいであろう、と」。(『イデーンI－I』渡辺二郎訳、四四ページ）「私こそ本当の初心者」「いつでも最初からやり直す人間」という言葉には、いつも打たれます。その思いを忘れたら、哲学者として終わりだろうなと思います。もしも私たちのいっていることが大きな間違いだったなら、もういっぺん最初からやり直さないといけません。

竹田　それは思想するものの鉄則ですね。私はときどき「三枚の世界像」の話をしますが、一枚目の世界像はまず「家庭」で与えられたはじめの世界像。二枚目の世界像は学生時代に出会ったマルクス主義とその後のポストモダン思想だった。二枚目の世界像は、これこそ世界の真実だ、という強い情熱をかき立てる仕方で入ってくる。さっきポパーの話を出したけど、思想の結晶作用ということが起こる。私の場合、そのつど巨大な理論と思想で圧倒されて、これこそ世界の「真実」に違いないという経験を二度もったわけです。

しかし、現象学との出会いが、私にとっていわば三枚目の世界像の土台になった。それが教えたのは、青年期に人間はたまたま出会った二枚目の世界像に強くつかまれ、それが強い信念を形成する。だから、とくにそれが社会思想であるときには、必ずもういちどその普遍性が検証されないといけないということです。

そうでなければ思想の信念対立の問題は克服できない。単なる信念は表象の思考を呼び寄せ、さまざまな思想が信念として対立するだけになる。そうなると、思想は思想としての意味を失ってしまいます。単に「各人の好む考え方」になる。

人間が、月に行くためにに何が必要か、これを実現するには、どれほど時間がかかっても、普遍的な物理学、熱力学の「原理」を積み重ねることでしか可能にならない。科学はそれを果たす。「よい社会」を作り出すためには何が必要か。はじめの信念がもたらす「表象」の思考をしっかり避けて、つねにその普遍性を検証しつつ可能性の原理を積み重ねていくほかにない。

苫野　本当にそうですね。

竹田　いまもいろんな現代社会批判の考えが出ているのだけど、われわれの主張は、どこに可能性の原理があるか、哲学の方法からは必ず検証可能だということですね。たとえばさっき四つの大きなオルタナティヴ、社会主義、全体主義、民族主義　宗教政治、を出したけれど、それらを主張する人たちはあれこれ複雑な議論をしますが、大事なのは、哲学的にその社会原理が何であるかと問えば、その功罪はきわめてはっきりするということです。

つまり、これらの社会思想のどれも、相互承認による「自由と公正」あるいは自由、福祉、公正を実現できる原理をもたない。**この原理がないところでは、人類から暴力と戦争の契機を縮減していくことはできない**、ということです。

苫野　ヘーゲルが、「ミネルヴァの梟は黄昏時に飛び立つ」といっていますよね。これは、人間の知恵は遅れてやってくるという意味です。私たちは、いろんな出来事を経験してはじめて、そのことの意味を理解し、知恵をつけることができるのだと。実際、これまでさまざまな社会批判や社会構想の思想が出てきたけれど、全部振り返ってみて、私たちはようやく「自由の相互承認」「一般意志」「一般福祉」、そして「普遍交換」と「普遍分業」を通した「普遍消費」を実現しうる資本主義という原理に着地することができた。そういえるかと思います。

と同時に、私はヘーゲルをもじって、「ミネルヴァの梟は夜明けもまた連れてくる」といっているんです。ミネルヴァの梟は、たしかに黄昏時に飛び立つかもしれませんが、同時にまた、時代の夜明けを、社会の未来を、ちゃんと連れてくることができる。そこに、私は哲学の本当に大事な意義があると考えています。

第6章

哲学をどう始めるか

哲学の始め方

苫野　第1章では、瀕死状態だった哲学をどうよみがえらせるかについて、第2章では、哲学の歴史を振り返りながら、それがどのようにリレーされてきたかについて、第3章では、人類がともによりよく生きるために、哲学はどんな思考の始発点からどんなふうに思考を展開していくのかについて、そして第4章、第5章では、今日の人類にとって最も重要な問題である、民主主義と資本主義の未来について話し合ってきました。

最後の第6章では、哲学のバトンを、読者のみなさんにこんなふうに受け取ってもらいたい、という話をしていけたらと思います。ここまでは少し難しめの話も多かったかもしれませんが、ここからは、いわば読者のみなさんへのメッセージですね。

竹田　私は、三十代の半ば頃から文芸評論をやっていました。文学もある意味リレーなんですね。思春期から青年期にかけていい文学を読むと、まず驚きと感動がある。文学ってこんな面白いんだ、自分も真似してみたい、と思う。「これはすごい。自分にも書けるかどうか分からないが、この作品が自分に与えた感銘を自分も真似して再現してみたい」となる。

これは、若い人が自分も書きたいと思うときの原動力ですよね。やってみると、たいていは自分にはとうてい無理だと分かってがっくりくる（笑）。ただ、真似はできないけど自分はこの作品の良さは分かるぞ、というのは残る。しばしば、この作品の本当の良さを分かっているのは自分だけだ、みたいな気もする。するとなんとかそれを伝えたいと思って批評を書いてみよう、となる。

私の場合は、太宰治、金鶴泳、チェーホフ、それから井上陽水がそういう作家だった。はじめに批評を書いたのが金鶴泳で、つぎが陽水です。ともあれ、そういう仕方でよいものをリレーしたいと思わせる力が文学にはある。

この点は哲学も同じだけど、ただし小説はある意味フェアなんです。有名な古典の小説でも、面白いかどうかは自分が決める。評判はいいけど自分はいいと思わない。それでいいわけです。しかし哲学はなにしろ難解なので、はじめは何が書いているのかまず分からない。それがほんとに優れたものかどうか、一般の読者には判定できない。だからはじめは一般的評価に頼らざるをえない。つまり哲学のよさを判断できるのは、かなり哲学が読めるようになってからで、そこが文学と違う。

私が若いころはマルクス主義が全盛時代。だからヘーゲルもルソーも、ホッブズももう古くて終わった哲学者とされていた。ニーチェはニヒリズムの哲学でもっとだめと言われていたし、私もそう思っていた。でもたまたま近代哲学者たちをじっくり読み直すチャンスがあった。それがなかったら一生あの先入見のままだったかもしれない。

八〇年代にポストモダン思想が現われてマルクス主義を批判したけど、ここではルソーやヘーゲルはやはりぜんぜんだめ、ニーチェだけはOK、とされていた。ニーチェは相対主義者と誤解されて解釈されたんですね。むしろニーチェは、ポストモダン相対主義の大きな拠り所になっていた。

私もはじめはポストモダン思想にハマって、これこそマルクス主義に代わる新しい世界思想だと思ったけど、このときすでに現象学を読んでいたし、近代哲学もかなり読んでいたので、同時に疑問も出てきた。そして、近代哲学をじっくり読み直すほど、ポストモダン思想家たちはマルクス主義から入ったために、ルソーやヘーゲルを自分でちゃんと読みこんでいないんだと思った。その点で西研と私は一致したんです。

それで二人で近代哲学者の徹底的な解読書を出そうと話し合った。ヘーゲル、カント、フッサールなど、とくに難解で、普通の読者が一般的な解釈にたよるほかないような重要な哲学書を、できるだけもとの文章に沿って忠実に読み砕く、そういう解読書を書こうと話し合って、それを少しずつ出してきた。でないと、近代哲学はもう古くなった哲学として埋もれてしまうと。それが完全解読と超解読シリーズ（講談社）です。

自分で読んで、理解して、これはすごいという気持ちがあると、なんとかリレーしたいと思うんですね。リレーしないで死ぬわけにはいかないというかね（笑）。だから、私は若い人に、ぜひ、ホッブズ、ルソー、ヘーゲルその他をじっくり読んでみてほしい。よし何が書いてあるか自分で判断してやろう、というフラットな気持ちで読んでほしい。

もちろん完全に正しい読み方というのはないので、それぞれの世代が自分の世代の感度で読めばよい。これは誰がどういおうとどうしても面白い、と思えたら哲学の貴重な富をリレーしようという人が出てくる。苫野くんは、まさしくわれわれの次の世代の先頭ランナーだと思う。

苫野　じつは私も、若いころ、音楽、そして文学の道を志したことがありました。優れた芸術って、私たちに〝ほんとう〟の世界を開示してくれるという本質があるんですね。これは竹田先生がよくいうひらがなの〝ほんとう〟ですね。絶対の真理とかではなくて、「ああ、ここにほんとうの人間の生き方がある」とか、「ここにほんとうの美しさがある」とか、そういう世界の〝ほんとう〟を見せてくれるようなところが芸術にはある。そういう作品世界に打たれて、私も、自分でそんな世界を創造したいと長い間思っていました。でも、結局は挫折しました。

それと同じ時期に、前にもいったように、竹田先生の『人間的自由の条件』に出会ったんです。優れた芸術に出会った時と同じような、「ああ、ここに力強いほんとうの思考がある」という衝撃を受けました。

哲学のバトンって、まずはそういう〝ほんとう〟に打たれる体験みたいなことを通して、受け継がれていくものかもしれませんね。もちろん、そうした衝迫が絶対に必要というわけではないと思うんですが、少なくとも、竹田先生も私も、その体験がいまなお自分を突き動かすエンジンになっている気がします。

竹田　私がフッサールをはじめて読んだとき、また私と西研の二人でヘーゲルを読み始めたとき、まさしくそういう感じだった。はじめは二人でヘーゲルを全部読み直して、徹底的に批判してやろう、といい合っていたんです。ところが読み進むにつれて、これすごいよね、いままでいわれていたこととはぜんぜん違うねとなってきた。自分たちのヘーゲル理解はひょっとして世界ではじめてのヘーゲル理解かもね、と顔を見合わせながら読み進んでいった。

このときは二人とも哲学者でもなんでもなくて、まだ定職なしのフリーター。でもなんとかこれを伝えないとと思った。早稲田で苫野くんたちと出会って、はじめて、自分たちの理解がつぎにしっかりリレーされる可能性がでてきたぞと、思いましたね。

古典を時代順に読んでいく

苫野　そのリレーのために、竹田青嗣の弟子たちみんなに課される修行についても、ちょっとお話ししてみたいと思います。とてもシンプルというか、実直です。古代から現代まで、主要な哲学者たちの主要な哲学書やそれに類する古典を、できるだけ全部、時代順に読んでいく。古代ギリシアはもちろん、バラモン教典とか大乗仏典とか、聖書とかも含めて。現代まで一歩ずつ読んでいって、一冊につき数万字のレジュメを作って、竹田先生と毎週議論したりしながら、一歩ずつ一歩ずつ、読んでいく。

なぜ竹田先生がこのような修行を弟子たちに課すかというと、まさに思考のリレーを学べということなんですよね。その時代ごとに、何が問題とされ、どうやって解かれてきたのか。また、どうやって考えたら問題は解けるのか、あるいはどこにも行きつかない迷路に迷い込んでしまうのか。そういったことが見えてくるんですね。

この修行をやっていないと、第2章でも見た通り、同じ誤りを何度も繰り返すということが起こってしまいます。過去に行きづまった思想が、何度も形を変えてよみがえってしまう。相対主義とか、「事実とされるものから当為を直接導く論法」とか、「イメージ当てはめ型批判」とか。その意味で、この修行は本当に大事だったと思います。

竹田　順番に哲学者の著作を読んでいくと、その時代ごとに、いまも生き残っているビッグネームの哲学者は、時代の一番ぎりぎりのところまで考え抜いたんだなというのが分かってきます。すると、**優れた哲学者は必ず、前に考え抜いた人の核心をしっかり受け取っ**

て、その一歩先へと進んでいる、という感じがつかめる。これは小説とはぜんぜん違うところだね。哲学は、前の哲学者たちが立てた「原理」をもう一歩先へ進められるかが命だといえます。自分がどこまでできるかは別としてね。

現代哲学もずいぶん読んだけど、ほんとうに一歩先まで進んだ「原理」をもっている哲学者はほとんどいません。これは先に見てきたように、現代哲学の主流はそもそも哲学原理というものを否定する相対主義哲学だからですね。ともあれ、哲学を本格的にやりたいなら時代順に読むのがやはり重要で、哲学者のリレーの感じがよくつかめるということです。

お気に入りの哲学者を見つける

苫野　ここまでのお話は、哲学者をめざすような、ある意味ハードコアな方たちに向けたメッセージだったかもしれません。ここからは、もうちょっと一般読者の目線でお話をしてみたいと思います。

多くの人は、若い時に自分の問題というのに行き当たると思うんです。いや、若い時でなくてもいいんですけど、人生の問題であったり、親子の問題であったり、社会の問題であったり、さまざまな問題に行き当たって、それらを解かなくてはいけないという切実な問題意識がやってくることがありますよね。
　そんな時、それに答えてくれているように思える文学であったり、芸術であったり、そして哲学であったりに出会うことがある。もしそんな出会いに恵まれたとしたら、まずはそのお気に入りの哲学者を片っ端から読んでみるといいんじゃないかと思います。哲学書は難しいのが多いので、プラトンなら プラトン、ニーチェならニーチェの入門書を何冊か読むところから始めてもいいと思います。時代順に古典を全部読むというのは、ちょっとハードルが高すぎるので、まずはそんなところから始めてみていただけたら嬉しいなと思います。

竹田　いや、ほんとにそうだね。必ず時代順にレジメを作って読め、は竹田ゼミでの哲学徒向けの基本ルールでした。考えてみたら、私もはじめの衝突はフッサールだったからね。そこで哲学の何たるかの目が開いた気がして、そのあとはどんどん読み進めるようになった。なので、はじめの入り口はどこでもいいが、友人たちと哲学の読書会をやるならできるだけ時代順に読め、に訂正がいいね（笑）。

本質観取の哲学対話

苫野　あとおすすめしたいのは、**本質観取の哲学対話**ですね。哲学の営みって、結局、突きつめれば本質観取だと思うんです。この本では、本質観取についてそれほど詳しく話をしてきませんでしたけど、まさに物事の表象ではなく、本質を洞察する営みです。よい教育とは何か、よい社会とは何か、自由とは、愛とは、美とは、ゆるしとは、成長とは、学びとは……。こうした物事の本質を、みんなが納得できる言葉にしてどこまで深く捉えていくことができるか。そんな本質観取を、一人ではなく対話形式でやると、本質観取の哲学対話になります。

ソクラテスとプラトンの昔から、こうした対話はじつは哲学のアルファにしてオメガなんですよね。専門的な哲学者になるのであれば、さっきお話ししたような修行は不可欠だと思いますが、本質観取のいいところは、哲学の専門知識を必要としないという点です。

竹田　哲学とは突きつめれば本質観取である、はじつにその通りですね。優れた哲学者の哲学には、必ず優れた本質観取がある。フッサールは現象学的還元を、対象の確信構成の構造を捉えるための方法として出したのだけど、この方法の展開形が本質観取ですね。よく、哲学では「〜とは何か」という問い方をするけれど、これはつまり「〜の本質は何か」という問いです。

ある問いを、外的な知識やデータを参照しないで、いいかえると、どんな先入見にも頼らず、直接自分の経験にいわば耳を澄ませて問うてみる、そういう問い方です。哲学はそんな直観的な方法でいいのかと思う人もいるかもしれないが、じっさい優れた哲学者の思考には、ほぼ例外なく本質観取があるんです。ルソーでもヘーゲルでもニーチェでもそうで、「一般意志」「相互承認」「力への意志」などの概念には、まさしく優れた本質観取がある。データから取り出された論理的結論ではない。

いま、ソクラテス、プラトンの対話法の話が出てきたけれど、ふつうソクラテスの対話法は、弁証法の先駆けといわれることが多い。でもじつは弁証法よりむしろフッサールの本質観取の先駆けなんです。ソクラテスの対話篇で、彼は、「友情とは何か」「勇気とは何か」「美とは何か」といった問いを出しますね。フッサール自身が『第一哲学』という本で、かれらの方法は、本質を問うという独自の方法だったと書いています。

典型的な例を出すと、アリストテレスとプラトンはずいぶんタイプが違う。アリストテレスに有名な「四因」（質料因、形相因、動因、目的因）の考えがありますね。これはそれまでのギリシャ哲学の「原因」の考えをすべて集めて整理、分類し、それを総括したものです。彼はそういう学的な整理と総括の才能が図抜けていて、哲学を学問体系として作った。自然哲学、形而上学、論理学、倫理学、政治学などです。近代ヨーロッパの学問の父といえる哲学者です。

しかしプラトンはまったく対照的。プラトンは「～とは何か」と聞いて、それにほとんど直観的といえる答えを与えます。哲学の本来の問いは「真善美」である。哲学の一切の問いの根源は、この価値の問いにある。真善美の価値の中でいちばん偉いのは「善」、つまり善のイデアが「イデアのイデアである」とかね。

それから有名な「恋（エロース）」の本質とは何か。こう答えます。恋人の容貌のうちに「美のイデア」を直観することである。この欲望はほかの美しいものへの欲望とは大きく違う。それは、この世ならぬもの、取り替えがたいものとして人間の欲望を引きつけるゆえに、恋の狂気というものが起こる。つまり、一つの「超越性をもった欲望」であると。論証もなにもない。直観的な言葉の連続です。しかしじっと考えてみると深い納得がやってくる。

ともあれ、恋や愛の本質など、つまり人間的な真善美の価値にまつわる問いについては、事実の問いはまったく役に立たない。本質観取の方法は、事実の認識の方法ではなく、まさしく本質の認識の基本方法といえます。

苫野　第1章で、哲学とは本質学であるというお話をしましたが、それはまさに、意味や価値の本質を明らかにする学でした。でも、それってどうやって明らかにすることができるのかということについては、長らくうまく整備されなかったんですね。

それを、二十世紀に、フッサールと竹田先生がとてもシンプルな形で明らかにした。それが本質観取です。たとえば、私は愛をこういう本質をもったものと確信しているのだけど、みなさんはどうでしょう、と投げかける。私は『愛』（講談社現代新書）という本を書いているのですが、ここで明らかにした愛の本質を他者へと問い、対話を重ね、なるほど、たしかにこれは本質的な洞察といえそうだねと共同の確信がやってきたなら、それがさしあたりの本質として提示されることになる。もちろん、そうやって見出された本質も、もっといい言葉にできないか、もっと深い洞察はないか、繰り返し吟味される必要があります。そうやって、時代を超えてリレーされていくわけです。本当にこれだけの、すごくシンプルな営みです。哲学者たちがやってきたのって、結局はそういうことなんですね。

竹田　いま苫野くんがいったとおりで、本質観取は、いわば開かれた言語ゲームとしての哲学の基本方法を原理論として示したものといえます。ごく簡潔に、優れた哲学者たちの本質観取の例をいくつか挙げてみます。

　ホッブズの「万人の万人に対する戦争」。ヘーゲルの、人間の自我の欲望の本質は、自己価値の「承認欲望」である。人間の実存の根本動機は「可能性」である、というキルケゴール（一八一三－一八五五）の言い方もいいですね。ハイデガーはだいぶキルケゴールをリレーしていて、人間は時間の中を生きているのではなく、時間的に生きている（時間は流れるのではなく、「時熟」する）。なぜなら、人間は単に存在するのではなく、必ず、過去

（かくあった）から未来（かくありうる）へとめがけて生きる存在だから、と。なるほどですね。二人の直観はほぼ重なっている。

ベルクソン（一八五九－一九四一）の本質観取のキーワードは「記憶」。人間は単なる物質ではなく、「記憶」という契機が人間の生を時間的な生にしている。「記憶」という原理をもつ物質である。ハイデガーとベルクソンもその核心はほぼ同じですね。メルロー＝ポンティ（一九〇八－一九六八）の言い方もじつに本質をつかんでいる。人間の存在の本質は対象化されえない、なぜなら人間存在の本質が「対象化する存在」だからだ。じつに至言です。

それから前にいったけど、なによりニーチェの、存在の本質は、「何かが存在する」ではなく生の力が「存在を生成する」。そしてニーチェから多くインスピレーションを受けたバタイユ（一八九七－一九六二）。これも有名ですが、男性のエロティシズムの本質は「聖なる禁止の侵犯である」。ほかにもいろいろ。これらはみな本質観取によって取り出された人間存在の重要な諸本質ですね。

さっきのプラトンの恋（エロース）の本質と同じで、これら優れた本質観取は、どうだ、もっとよい「言い方」があるかどうか考えてみよ、とわれわれを挑発し、誘ってくる。本質観取の力がついてくると、こうした人間のさまざまな問題について、彼らの優れた考えをさらにリレーすることができます。哲学のテーブルの原理と同じで、ものごとを「物語」的、表象的に説明すると原理のリレーは成立しない。必ず信念対立が生じて、思考はそこで行き止まりになる。

苫野　哲学者たちからの挑発、誘惑。まさにですね。われわれはもう長い間、その挑発に乗り、誘惑に魅せられ続けてきたということですね。

竹田　さっき、哲学の志をもって進むには時間をかけて順番に読み直せ、といったけど、あれは修行僧用の心得で、本質観取は、ふつうの人が哲学にアクセスするためのとても大事な方法ですね。ふつうは、哲学の一般的知識を身につけるのに五年くらいはかかる。でも本質観取のやり方をつかめば、誰でも、予備知識をほとんど必要とせずに、「〜とは何か」という問い方で哲学できます。

たとえば、大学での初級ゼミのクラスでは、「死とは何か」「自我とは」「身体とは」「無意識とは」といったテーマでよく本質観取をやりました。少しその要領をいうと、それほど複雑ではない。はじめに優れた哲学者の優れた本質観取の例をいくつか出して、そのやり方の要点を示しておく。なにより大事なのは、外的な知識をエポケー（現象学で、客観存在の想定をいったん留保すること）して自分の経験に直接問うこと。できるだけ短い概念的な答えを出すこと。これを比較的短い時間でやる。

つぎに出てきたいろんな「答え」をみんなでよくにらんで、大きな共通項を総括する。それを前提にもういちど同じテーマで本質観取をやる。これを繰り返すと、何が取り出されるべき核心の点かが徐々にはっきりしてくるんです。すると出てくる答えが鍛えられてくる。こういう本質観取を繰り返しているうちに、いわば本質のつかみ方のコツをつかんで、学生たちの答えがはじめとは見違えてよくなってくるんですね。

カルチャースクールなどでよく思うのは、哲学の知識が豊富だということと、哲学的な思考の感度があることとは、ぜんぜん別だということですね。哲学書を山ほど読んでいて、哲学概念をあれこれ使えるけど、哲学的には「表象」的な考え方しかできない人はかなりいます。その逆に、哲学の知識がさほどなくても、哲学の考え方の感度がはじめから身についていているなと思える人もいる。質問のポイントとかその反応とかでそれは分かる。実際にテーマを立てて本質観取をすると、もっとはっきり分かる。

ともあれ、本質観取は哲学の知識を多くもっているかどうかには、ほとんど関係がない。これははっきりいえます。本質観取のいちばんのコツは客観的世界像をしっかりエポケーできるかということなので、客観世界の感度が強い人にはハードルが高いんです。もうひとつ、本質観取の感度のある人は、ひとことでいえば、自分の生活のありようをつねに深く聡明に経験する力のある人ですね。

学校教育の中で

苫野　私も、二十年前に竹田ゼミに参加して何度も本質観取の対話をやりましたが、竹田先生とやる本質観取は、何というか、名人芸的なところがあるんですよね。竹田先生がまずやって見せてくれている間に、われわれも見よう見まねでちょっとずつやり方が分かってくるといった感じです。落語家になりたい人が、寄席に足しげく通って、入門を許されて、やがて前座になって、みたいにして、本質観取を竹田先生から学ぶみたいなところがありました（笑）。

それに対して、本質観取を、ある意味で誰もができるように手順を整えてくださったのが西研先生です。『哲学は対話する』（筑摩書房）は、本格的な哲学書でありながら、本質観取のやり方もまた明快に示した画期的な著作だと思います。

じつは私も、さらにもっとハードルを下げて、小学生でも読めて、また本質観取の対話にチャレンジできるようにと、『親子で哲学対話』（大和書房）という本を出しています。また、哲学者の岩内章太郎くんと、日本語教育学者の稲垣みどりさんと、『本質観取の教科書』（仮）という本も現在執筆中です。竹田先生が名人芸としてわれわれに伝えてくださった本質観取が、いまでは一般的な人も楽しめる哲学対話としてちょっとずつ全国に広がっていっています。

じつは、二〇二四年度からは小学校、二〇二五年度からは中学校の道徳の教科書（光村図書）に、本質観取の哲学対話が取り入れられているんです。今後、何十万人もの小学生や中学生が、本質観取に取り組んでいくことになります。私もこれまで、たくさんの小中学生と本質観取をやってきましたが、本当に見事な言葉を紡ぎ合ってくれる子どもたちに大勢出会いました。これは大きな希望だなと思っています。対話を通して共通了解を見出し合っていく。民主主義の土台としての学校教育において、これは本当に重要な経験だと思います。

竹田　それは素晴らしい。本質観取の原則で考えるということは、自分の考えを絶対化するのはやめ、他の人の考えをよく聞いてその中心動機がどこにあり、またどこで意見の違いや対立が起こるのかについて深く考える、という思考ですからね。

まえに、直観補強と直観検証の考えについていったけど、直観補強の考えは、自分のはじめの直観（信念）に囚われて、その後はそれを補強してくれるような考えだけを探すような思考。自分の主張のつっかえ棒になりそうなものは手当たり次第に利用しようとする。これに対して、直観検証の考えは、自分はこう考えるがその根拠は何だろう、また自分と違う考えの人間がいるが、どういう理由で意見の違いが起こるのだろうか、そういう具合に、自分の考えの根拠を検証してゆくような考えです。

　本質観取は直観検証の思考ですね。自分はこう思ったんだけど、それは本当に正当かどうかという仕方で考える。だから、まさしく市民社会の相互承認を原則とする人間関係のスキルを高めるという点でも、市民教育の大きな基礎になる。

苫野　対話を通して、共通了解や合意を見つけていけるんだという感触ですね。子どもの時から、そんな経験をたっぷり積んでいるといないとでは、民主主義の成熟度がまるで変わってくると思います。地道で地味な営みではあるんですけど、長い目で見て、ものすごく大事な活動ではないかと思っています。

竹田　学校教育に取り入れられたということは、今年は本質観取教育元年になったということだね。これはいいぞと思えたら、きっと他の教科書にも移っていって、さらに日本だけでなくて、他の国にも移っていく可能性があると思う。いま、教育でなにより重要なことは、国民教育ではなく、「市民教育」をきちんと基礎づけてこれを立て直すことだから。そういう意味でも、本質観取が教育のカリキュラムに入ってきて定着すれば、日本で哲学がカリキュラムに入ってくるはじまりになるかもしれない。

苫野　私は定期的に、小中学生と「子ども本質観取の会」というのを開催しているんですが（「道徳授業で哲学鍋を」／みつむら web magazine）、みんな本質観取が大好きで、三時間でも四時間でもやり続けたい、なんていう子たちまでいるくらいです。何がそんなに楽しいのかと聞くと、まだ誰も答えを知らない問いの答えを、みんなで一緒に作っていくことが楽しいんだそうです。それこそまさに、哲学することとの醍醐味ですね。

竹田　苫野くんの本質観取の教室は、いま本質観取教育の起点になっていると思う。苫野くんのゼミでは、本質観取ファシリテーターの育成もしているんだよね？

苫野　はい。大学のゼミでもやっていますが、私が主宰している「苫野一徳オンラインゼミ」というところで、「楽しもう！　本質観取の会」というイベントと、「本質観取ファシリテーター養成講座」を定期開催しています。オンラインでの市民の学び場ですね。本質観取のほかにもたくさんの企画を開催しています。以前、竹田先生にもゲスト講師として来ていただいたことがありました。

　このゼミでの本質観取の会には、毎回、下は中学生、上は六十代以上まで、四十〜五十人くらいが参加されています。人数が多くても、グループでの対話と全体での対話を交互に繰り返して、意義深い本質観取の対話ができる仕組みを、参加者のみなさんと作り上げました。

　それでいうと、小・中・高校のクラスなどで本質観取の対話をする時も、やはりグループと全体での対話を繰り返すことが多いですね。ただ、私のオンラインゼミとは違って、学校に招かれて本質観取をする時は、哲学や本質観取に関心のない子ももちろんいるわけです。だから、まずは何よりその楽しさを味わってもらえるよう意識して場づくりをしています。

特に、哲学対話はどうしても言語能力の高い子が活躍できてしまう傾向があるので、考えるのが苦手だったり、うまく言葉にならなかったりする子たちが、安心して思考を深められる場にすることを意識しています。哲学対話って、ポンポン言葉が飛び交うより、時折沈黙が続くくらいの方がよかったりもするんですよね。なので私は、対話のグランドルールの中に「沈黙を尊重する」といったものも入れています。沈黙しているからって、じつは考えていないわけじゃ全然ないんですよね。沈黙の中、頭がフル回転しているみたいなときもあったりして。それであるとき、突然堰を切ったようにしゃべり出す子もたくさんいます。

竹田　私も長年ゼミをやっていて、何度もそういうシーンを見ています。みんなの話をじっくり聞いていて、あるときその人の中に表現の言葉がたまってきて、突然表現の道筋をつかんでとてもよい言葉でしゃべり出す、ということがある。そういうときってある種感銘があります。

苫野　そんな経験を、多くの子どもたちに味わってもらいたいなと思っています。もちろん、大人にも。

竹田　もういちどいうと、哲学の知識がたくさんあることと、本質観取がうまくできるというのは全然違うことですね。哲学の知識が豊富な人は話を整理する能力はそれなりにある。しかし本質観取をやらせたら意外に的を外した考えしか出てこない、ということがよくある。本質観取は、いってみれば、他人の言葉、その意をよく聴き取る「よい耳」と、自分の感じたことを飾らずによい表現で語る「よい口」と、両方もっている必要がある。それって日常の人間関係の中で人が聡明であることの基本ですね。

苫野　はい。

竹田　いちばんはじめに、哲学の思考は、宗教の「物語」の思考とは違う「原理」の方法だという話をしましたね。もちろん物語には物語の大きな長所がある。しかし哲学的に思考することは、ものごとを普遍的な仕方で考える必要のあるときには、つまり「共通了解」を作り出す必要のあるときには、物語や表象の思考をうまく避けて考えるための必須の方法なんです。

物語や表象の考えの利点は人間の心情に直接訴える強い力をもつ点ですね。だからうまく使えば大きな力になるが、それはむしろ直観補強的な思考にとって便利なツールになる。その直観が優れた直観ならとてもよいが、しかしそうとはかぎらないので、とくに社会的な問いを公共的に考えるときや、信念対立によるコンフリクトを調整する必要のある場面では、異なった直観や信念を検証する方法をもたないと先に進めません。
いま苫野くんの本質観取ファシリテーター養成プロジェクトをモデルにして、もと竹田現象学のゼミから出た大学の先生たちが、それを広げようとしているようですね。市民社会は「自由の相互承認」の原則の上に成り立っている社会です。この意味でも、苫野くんがはじめた本質観取ファシリテーター育成のプロジェクトは、いずれ、市民教育の一つの重要な領域になっていくに違いないと思います。

苫野　ありがとうございます。公教育は、市民社会を支える最も重要な制度的土台の一つです。学校は、対話を通して一般意志を見出し合っていく、そんな市民を育む場です。本質観取に限らず、そんな対話による合意や共通了解を見出し合っていく経験を、学校の中にもっともっと広げていきたいと思っています。もちろん、市民社会全体にも。

おわりに

われわれの哲学対談は、現在哲学は瀕死の状態である、からはじまった。その理由はひとことで要約できる。二十世紀は、マルクス主義および相対主義哲学（ポストモダン思想）が哲学の主潮となった。両者ともに、反近代国家、反近代哲学を中心の主張としたため、近代哲学がうち立ててきた哲学的達成が強く否定され、覆い隠されてきたからである。

そこでわれわれの意図は、二十世紀以降ほとんど忘れ去られてきた人間と社会についての重要な哲学的原理をもういちど明示し、一般読者にその意義と評価の判定をゆだねたいという点にあった。だがいま振り返ると、主題は多岐にわたり議論もなかなか入り組んでいるので、ここで大きな総括をおいておきたいと思う。

哲学の方法のエッセンスは、人間が必要とする世界説明を、「物語」としてではなく、普遍認識として創り出す「原理の方法」という点にある。このことは、自然科学の方法を思い浮かべることで誰にも理解できるはずである。

自然科学は、誰もが納得し誰にも妥当するような普遍的「世界説明」の方法である。哲学の「原理の方法」を基礎として、近代の自然科学はその方法を確立した。しかし人間と社会の領域では、この自然科学の方法をそのまま適用することはできない。その理由は、ここでは単なる事実ではなく「よい」社会や「よい」人間のあり方が問題となり、価値観の多様ということが現われるからだ。人間と社会の領域で普遍的な「世界説明」を作り上げるには、これが大きな困難となる。「事実の認識」ではなく「本質の認識」の方法が必要となるのである。

近代哲学は、この価値観の多様という困難を克服して、人間と社会についての重要で普遍的な「原理」を生み出してきた。

近代哲学は、なによりまず、暴力の抑制と自由の両立を可能にする社会原理をうち立てた。つまり、人々の「自由と公正」を実現する社会の設計図であり、私はそれを「自由な市民社会」の原理と呼んできた。その根本概念を「自由の相互承認」「一般意志」「一般福祉」の三つで示すことができる。大事なのは、これはあくまで社会の「設計図」(理念)だということである。

近代社会は、おおよそこの設計図に従って近代国家を生み出した。しかしそれは、設計図どおりには進まなかった。社会内の相互承認はまず前進したが、国家間の相互承認はまだ実現の条件をもたなかった。そのために近代国家どうしの激しい戦争が生じ、資本主義の矛盾も激発した。このことが、近代と近代国家への大きな批判思想を呼んだのである。

それを代表するのが、マルクス主義思想とポストモダン思想だった。両者はともに、近代社会が生み出した大きな矛盾をなんとか克服しようとする真摯な試みだった。しかし、近代社会の「現実」の矛盾を「自由な市民社会」という設計図自体の矛盾、欠陥であるとみなした。ここにいわば大きなボタンのかけ違いがあった。

この対談でのわれわれの主張の一つの中心は、この社会批判のボタンのかけ違いを指摘して、より本質的な社会批判の道を見出すことだった。いまならそれを簡明に要約できそうだ。


マルクス主義は、近代社会の自由競争が生む大きな格差が問題の元凶と考えた。そこで「平等」を実現する社会原理を立てた。自由市場と私的所有の廃止。平等実現の原理としては正しい。だが繰り返すとそこには「自由」の原理が存在しない。

ポストモダン思想は、人間支配を生み出す国家権力が諸悪の根源と考えた。また哲学的な原理の思考を「制度」を支えるものとして否定した。しかし、この考えは、哲学的な誤り、あるいは悲しい勘違いである。暴力抑止の原理としては、まだ「人民権力」以外の、あるいはそれ以上の原理は存在しない。

社会批判の思想として、ほかに現われたオルタナティヴは、全体主義、民族主義、宗教政治、アナキズムなどである。しかしどれも、暴力抑止の原理も、自由や平等の原理ももってはいない。哲学の思考が否認されたために、社会思想を「原理」として考える思考が消え、表象だけがその手段となったのだ。


哲学は、特定分野の学ではない。何か特定の目的に役立つための研究（スタディ）ではない。近代哲学は、自由を解放された近代人の「自由な思考」から現われた。近代哲学者たちは、それまでの絶対的な世界像（キリスト教）の一切を疑って、何が人間と世界の「ほんとう」であるかを、いわばゼロから、根本的に考え直そうとした。かれらが思考のモデルとしたのは、ギリシャ哲学の普遍的な思考法だった。そのことで物語や表象の思考ではなく「原理の方法」を再興したのである。

人間の問題についても、彼らは普遍的な考えをリレーしてきた。これも要約してみよう。近代哲学は、人間に「生の意味」を与えてきたもろもろの「超越的価値」を徐々に取り払ってきた。つまり、共同体、宗教、王権の「聖性」、さらに人間の道徳的価値や社会的価値という観念である。ニーチェまで来てこの人間哲学のいとなみは頂点に達した。

ニーチェはいった。ヨーロッパ人は、彼岸的な超越性としての「生の意味」を完全に消去した、歴史上はじめての民族となった、と。同時に彼は、人間が何らかの「生の意味」「生の理由」なしに生きられない存在であること、それゆえ以後人間が、「生の意味」という価値をこの世の関係の中で自ら創り出すべき存在となったということを明らかにした。

現代哲学は、近代社会を批判しようとするあまり、近代哲学がリレーした哲学の原理の方法を捨ててしまった。そのため、近代哲学が見出した社会や人間存在の重要な諸原理について、これをリレーするどんな成果も出せなかった。

もう一つ近代哲学の大きな成果があるが、それが認識論である。

みてきたように、近代哲学は、人間と社会の問いについてのいくつかの重要な原理を生み出してきた。しかし認識論としては、相対主義（懐疑論）の哲学を論駁できなかった。普遍認識は存在と認識（客観と主観）の一致によって成立するがそれは不可能である、というゴルギアスの構図を打ち破れなかったのだ。そのことが、二十世紀後半の、哲学的相対主義の全盛時代を生み出し、哲学の原理の方法を覆い隠す大きな原因となった。

この認識問題が、ニーチェとフッサールによって完全に打開されたことは述べた通りだ。ニーチェの新しい「存在論」は、認識の本質は「客観存在の正しい認識」ではなく、生、の力による世界分節であることを示した。フッサールはこれをリレーして、人間や社会の「本質」の問いでは、どのような条件が価値観の多様による普遍認識の困難を克服できるかを、現象学と本質学の方法によって示した。

現代哲学では、認識の問題は、相対主義哲学による普遍認識の不可能性（多様性至上主義）の観念にゆきついている。しかしなにより重要なのは、普遍認識へのこの挫折が、哲学や思想の、カリクレス的な「現実の論理」の前での屈服をもたらす、ということだ。逆にいえば、普遍認識の可能性、万人が合意できるような仕方での「よい社会や人間」のあり方の構想の創出だけが、「現実は現実、理屈とは違う」という現実の論理に抗うことができるのである。

いま人間社会は、どういう理由で、どこへ向かうべきか、その可能性の条件がどこにあるのか。人間の倫理とエロス（価値）の本質学も再建されねばならない。人間的倫理の本質学、人間文化の本質学が新しく構想されねばならない。これらの主題の哲学的探求は、二十世紀の前半にその進むべきレールを見失って停止したままだからだ。

この対談の中心のメッセージは、いま総括してきたような、**原理の思考としての、普遍認識としての哲学の方法を、新しい哲学の世代にリレーしてもらいたい**ということだ。そのことで、われわれの時代は、何が人間と社会の「ほんとう」かについて、いったんすべてを更地にして、ゼロから根底的な仕方で問い直す新しい哲学の世紀となるだろう。

＊

これはわれわれの世代の一つの典型的な思想体験のコースではないかと思うのだが、私は、二十代にマルクス主義に熱中し、三十代はポストモダン思想に深入りした。しかしそれらは結局深い納得を私に与えなかった。これと並行して読み続けた現象学と近代哲学が、私に哲学の普遍的な原理の方法のエッセンスを教えた。

しかし私の時代は、現象学と近代哲学の大きな没落の時代だった。当時それらは、完全に時代遅れの思想とみなされていた。だが、ここには思想の「ほんとう」がありそうだというやっかいな直観があって、それが私を哲学の世界に導き入れたのだ。

しかし、ごく少数の仲間を除いて、私は長く自分の孤立を感じていた。対談に出てくるが、早稲田大学で教えるようになって新しい哲学徒たちと出会った。このとき、私に「哲学のリレー」という観念が現われた。哲学の原理の方法の核心をたしかにつかむ者が現われ、そうである以上、それは必ず「リレー」されるだろうという確信である。この対談は、そういう私の思いをよく知っている苫野一徳くんの発案による。

私にとって、苫野くんは、この新しい哲学世代の代表選手の一人でもある。哲学の普遍的方法をリレーする世代は、私の知るかぎりまだ世界には現われていない。それは日本に現われており、やがてもういちど世界に拡がってゆくだろうと思う。

*

最後に。私と苫野くんは東京と熊本在住なので、結局二度しか対談の時間をとれず、何度も草稿をやりとりした。これをあとがき代わりに、二人のやっかいなやりとりを最後までていねいに対応していただいた河出書房新社の朝田明子さんに、深く感謝です。

二〇二五年三月　竹田青嗣

河出新書 083

伝《でん》授《じゅ》！　哲《てつ》学《がく》の極《ごく》意《い》

本質《ほんしつ》から考《かんが》えるとはどういうことか

二〇二五年四月二〇日　初版印刷
二〇二五年四月三〇日　初版発行

著　者　竹《たけ》田《だ》青《せい》嗣《じ》・苫《と》野《まの》一《いっ》徳《とく》
発行者　小野寺優
発行所　株式会社河出書房新社
〒一六二-八五四四　東京都新宿区東五軒町二-一三
電話　〇三-三四〇四-一二〇一［営業］／〇三-三四〇四-八六一一［編集］
https://www.kawade.co.jp/
マーク　tupera tupera
装　幀　木庭貴信（オクターヴ）
印刷・製本　中央精版印刷株式会社

Printed in Japan　ISBN978-4-309-63187-5
落丁本・乱丁本はお取り替えいたします。

一神教全史　上
ユダヤ教・キリスト教・イスラム教の起源と興亡
大田俊寛
古代ユダヤ社会での一神教発生から、キリスト教の展開、ローマ帝国の興亡、イスラム教の形成、十字軍までを描く宗教思想史講義・上巻。
061

一神教全史　下
中世社会の終焉と近代国家の誕生
大田俊寛
スコラ学から、宗教改革、近代国家形成、アメリカ合衆国成立、ナチズムの世界観、イスラム主義の興隆までを描く宗教思想史講義・下巻。
062

古事記ワールド案内図
池澤夏樹
『古事記』の斬新な現代語訳で話題を集め、小説『ワカタケル』で同時代を描いた著者による、分かりやすくて魅力的な入門書。
060

旧約聖書がわかる本
〈対話〉でひもとくその世界
並木浩一
奥泉光
旧約聖書とはどんな書物なのだろうか。小説のように自由で、思想書のように挑発的なその本質をつかみ出す〈対話〉による入門。
055

この国の戦争
太平洋戦争をどう読むか
奥泉光
加藤陽子
戦争を描いてきた小説家と戦争を研究してきた歴史家が、必読史料に触れ、文芸作品や手記なども読みつつ、改めてあの戦争を考える。
050

河出新書

『歎異抄』入門
無宗教からひもとく

阿満利麿

底知れない不安、絶望。その苦しみを煩悩の身のままで乗り越えていく手掛かりが、ここにある。逆説に満ちた親鸞の教えの核心に迫る！

058

こころの違和感　診察室
しっくりこない自分と折り合いをつける方法

春日武彦

ままならない自分と折り合いをつけるには？精神科医による丁寧な考察とアドバイス。こんなはずじゃない！と思ったときに効く33章。

048

自称詞〈僕〉の歴史

友田健太郎

なぜ〈僕〉という一人称は明治以降、急速に広がり、ほぼ男性だけに定着したのか。古代から現代までの〈僕〉の変遷を詳細に追う。

064

クローズアップ藝大

国谷裕子＋東京藝術大学

東京藝術大学に潜む「芸術家＆専門家」に国谷裕子がクローズアップ！　閉塞した現代を切り拓く最後の鍵＝芸術の無限の可能性に迫る。

031

ウクライナ現代史

A・グージョン
鳥取絹子［訳］

ロシアの侵攻で甚大な被害を受けたウクライナ。人種・言語・宗教、政治思想や多くの歴史的事件を網羅して特異な国の本質を明かす。

053

河出新書

ルポ自殺
生きづらさの先にあるのか
渋井哲也
自殺者3万人時代、ネット心中、若者・女性の自殺、理由なき自殺……長年取材してきた著者が迫る、この国の「生きづらさ」の真実。
054

ルポ「８０５０問題」
高齢親子〝ひきこもり死〟の現場から
池上正樹
80歳の親が収入のない50歳の子どもを支えて煮詰まる「８０５０問題」。長期高年齢化するひきこもり当事者たちの現状をリポート。
014

検証　コロナと五輪
変われぬ日本の失敗連鎖
吉見俊哉［編著］
1年延期の末に開催された東京五輪をめぐって何が起こっていたか。社会的・政治的動向と国内外のメディア上の言説を分析・検証する。
041

仏教の誕生
佐々木閑
二千五百年間、苦しむ人々を救い続けてきたユニークな宗教「仏教」はなぜ、生まれたのか？　その本質を教えてくれる連続講義、開講！
023

〈格差〉と〈階級〉の戦後史
橋本健二
格差論の決定版、現代日本論必携の名著を、10年の時を経て、新データも加えながらアップデート。この社会はいかにして生まれたか。
016

河出新書